U0781283

北京市高等学校「英才计划」项目

彭霞媚 著

# 在喧哗与骚动的世界中寻找意义：

## 福克纳及其作品解读

群众出版社·北京

**图书在版编目（CIP）数据**

在喧哗与骚动的世界中寻找意义：福克纳及其作品解读/ 彭霞媚
著．—北京：群众出版社，2017.7

ISBN 978 - 7 - 5014 - 5693 - 2

Ⅰ．①在…　Ⅱ．①彭…　Ⅲ．①福克纳（Faulkner，William 1897 -
1962）—人物研究　Ⅳ．①K837.125.6

中国版本图书馆 CIP 数据核字（2017）第 119304 号

# 在喧哗与骚动的世界中寻找意义
## ——福克纳及其作品解读
### 彭霞媚　著

出版发行：群众出版社
地　　址：北京市丰台区方庄芳星园三区 15 号楼
邮政编码：100078
经　　销：新华书店
印　　刷：北京普瑞德印刷厂

版　　次：2017 年 7 月第 1 版
印　　次：2017 年 7 月第 1 次
印　　张：5.875
开　　本：880 毫米×1230 毫米　1/32
字　　数：158 千字
书　　号：ISBN 978 - 7 - 5014 - 5693 - 2
定　　价：28.00 元

网　　址：www.qzcbs.com
电子邮箱：qzcbs@ sohu.com

营销中心电话：010 - 83903254
读者服务部电话（门市）：010 - 83903257
警官读者俱乐部电话（网购、邮购）：010 - 83903253
文艺分社电话：010 - 83901330　　010 - 83903973

# 目　录

# 第一章　生平简介

## 第一节　福克纳的生活背景

威廉·福克纳（1897—1962）可以说是当今世界上影响力最大的美国作家之一，被誉为"美国的莎士比亚"。关于福克纳的研究不胜枚举，处处都能发现有关他的评论仍处于繁盛时期的证据，远远高于同时期其他任何一位作家。福克纳研讨会召开的频率不断增加，研究他及其作品的硕博论文数量庞大，且呈逐年递增趋势。甚至有评论家断言，除了莎士比亚，没有任何一位用英语写作的作家的影响力和受欢迎程度能赶上福克纳。但具有讽刺意味的是，福克纳在世的很长一段时间并没有受到美国国内文学界的关注，学院派的作家们也大多无视他的作品。因此，福克纳在他写作生涯的大部分时间都处于默默无闻、穷困潦倒之中。

虽然福克纳曾在公开场合声称："实际上我是一个没受过教育的人。""我不喜欢学习，大约在六年级时，我就退学了。因此，我对思想的理性和逻辑过程根本就是一无所知。"但是，我们不能就理所当然地认为福克纳是没有教养的"乡野之人"，不具有自己"理念"的作家。实际上，他阅读了大量的书籍，其中就包括文艺理论方面的专著，也受到一些文艺思潮的影响。如果我们将他的创作手法和学识与他所处时代的文化和知识话语联系起来，就会发现其创作手法与学识中的许多有价值的东西，同时也能更好地了解到他所处时代的许多重要事情。福克纳所处的时代是一个经历着重大转变的时代，包括政治、经济、文化、思潮等在内的方方面面都面临着国内外情势的重大影响。因此，在他的身上，我们也可以看出两种主要的历史文化的影响痕迹。而这两种文化，一则是指他的出生地（即19世纪晚期的密西西比州）所盛行的维多利亚时代的文化；另一则是指他在大量阅读过程中发现、借鉴并为己所用的现代主义文化。从他的作品中，我们可以发现端倪：福克纳早期的作品明显地反映出维多利亚时代晚期和后维多利亚时代的思想状况；其创作的中期作品则清晰地折射出20世纪现代主义的影子。两种文化的冲突和更迭在福克纳的小说中有所反映，而他内心的文化冲突则为读者提供了理解他的关键要素。

## 一、两种文化的影响

### （一）维多利亚时代的文化

福克纳出生在美国南北战争后，这是一个动荡变迁的时代。内战对南方的政治、经济、文化等各方面都具有极大的破坏作用，而战后联邦政府对南方推行的重建工程遭到当地白人的强烈抵制，甚至动用暴力，从而造成政治危机。一些白人在战争中失去了自己的土地家产而陷入贫困，而最悲惨的仍然是黑人奴隶。他们虽然得到了解放，但仍然被认为是智力低下的劣等人，受到白人的残酷剥削和压榨。种族主义者采取种族隔离政策、私刑等暴力手段使已经解放的奴隶身处水深火热之中，种族矛盾激化。与此同时，许多原来有钱的种植园主离开南方去了欧洲或允许蓄奴的巴西，留在南方的种植园主则一心保护他们仅剩的利益和社会地位并努力企图恢复过去的文化传统。这种把南方及南方种植园主理想化的做法在19世纪八九十年代达到了高峰。福克纳幼时就听说过很多关于南方联军及其"英雄"的传说。除此之外，南方一直都效仿英国及欧洲等级分明的乡绅生活方式和生活习俗。虽然南方在这次内战中落败而使人们产生挫败感和罪恶感，但以种植园主为代表的大家族仍努力维持战前的状况，尤其是维护在南方有深厚影响的"骑士式英雄"的神话。

追根溯源，南方极力维护的维多利亚时代的文化可以追溯到19世纪初正值工业革命发端之际的英国。这一文化反映了在日渐繁荣的资本主义经济中获得成功所需要具备的关键品性——节俭、勤奋以及坚忍不拔，而这些都表明当时的人们对待工业发展和秩序的乐观主义态度。对他们而言，维多利亚主义（Victorianism）就像是一套完整的价值观念体系，可以为人们振奋精神，提供道德标准和精神慰藉，并且带来无限的希望。而大约一个世纪之后，亦即福克纳成年的时候，这一文化却被很多人认为是陈腐僵化、压抑人性，糟糕不堪。

维多利亚时代的人们有一套极为鲜明的价值观念，即被认为是"人"的存在物与被视为是"动物"的存在物之间根本的二分法。这种道德上的二分法成为那个时代的人们看待世界的最根深蒂固的指导原则。人高高凌驾于动物之上，因而像教育、优雅、礼仪、艺术、宗教和忠诚等教化而来的情感都属于"人"或"文明"的范畴。相反地，"动物"或"不文明"则指向那些反复威胁自制的本能和激情，需加以压制，使其处于最严格的掌控之下。这种道德二分法导致人们以二分的方式来看待世界，以僵硬的非此即彼、非黑即白的态度对生活的各个方面做出鲜明对立的区分。他们认为上层阶级和下层阶级之间是不可通融的、有着不得逾越的壁垒；种族也被划分为黑种和白种。在性别方面也存在牢固清晰的界限：女性被认为是天生就带有情绪化和消极情绪的性质，而男性则天生拥有理性和积极情绪。这些价值观牢牢地根植于南方人们的内心，并在战后重建时期，影响着南方人的言行和思想。他们在贫困和混乱之中，渴望恢复南方的经济、政治以及文化上的地位，以期与战胜的北方抗衡。维多利亚主义对于南方受过教育和对上流社会生活方式有无限向往的人们而言，代表着优雅的态度以及人们都渴望遵守的标准。因此，对于属于南方中产阶级的福克纳家族来说，在设法恢复了经济基础之后，为了巩固自己的美好声望，就开始采用严格的礼仪，甚至连其住所也按照维多利亚时代的风格来装修。

维多利亚时代的文化与南方当地的社会文化交互影响，融为一体，并逐步适应当地的需要，其最核心部分就是所谓的"贵族神话"。这种神话把南方设定为贵族制在美国存留的最后家园，并与维多利亚时代对贵族的崇拜融合在一起。在这股思潮的影响下，新南方的推动者和企业家们认为自己有责任继承内战前南方种植园主的传统，并据此向世人和社会证明，他们的贪财和唯利是图是正当的行为，是为了确保这个神话的延续，保证他们的南方人身份。在进入 20 世纪之交，南方人的身份认同已然形成，他们仍能从南方式贵族社会的形象中寻求慰藉。因此，代表南方贵族社会形象的南方绅士、南方淑女的概念普遍流行。尤其南方淑女，她们是道德清白和无私的典范，主要关心的是精神维护性纯洁这一原则。可以说，在美国南方，贵族理想具体体现了维多利亚时代文化的精髓，并在福克纳成长的岁月里支配了大部分南方人的想象力。

（二）现代主义文化

现代主义文化最初出现在 19 世纪中后期的欧洲。当时许多才华横溢的艺术家、哲学家和心理学家认为，维多利亚时代的氛围压抑，违反了真实的人性，于是，他们开始寻求新的体验形式。他们中产生出一些著名的象征派诗人和印象派画家，而这两类人都对福克纳有着举足轻重的影响。象征派和印象派运动超越了维多利亚时代实证主义的稳定和看似客观的世界，开始探索那些更为模糊和更难预测的人类认知和意识活动领域。这两派运动的倡导人认为个人有义务放松约束，向世界开放自我，完善个人经历和体验的能力，而这些正是与维多利亚时代的主张格格不入，甚至是完全相反的概念。

进入 20 世纪，随着现代主义的不断发展进步，现代主义者决意扩大意识的范围，并把体验的各种截然不同的要素融合在一起，最终纳入全新和独创的"统一体"之中。此主张的根本目的就是将被维多利亚时代的道德二分法撕裂的所有事物重新黏合在一起。如此一来，人与动物、文明与野蛮的世界不再是分割、断裂的状态，而是重新整合，有了新的交

— 5 —

汇点。在意识形态方面，现代主义也坚决与维多利亚时代的人们所奉行的虚伪的存在观念进行斗争。詹姆斯·麦克法兰（James McFarlane）认为，现代主义文化发展经历了三个阶段：第一个阶段是早期的反叛时期，强调的是打碎维多利亚时代的人们坚持不懈创造和细心建构的那些"体系""类型"和"绝对性"；第二个阶段的标志是"各部分的重构和碎片化概念的重新关联"；第三个阶段的特征则是"对以前被认为永远相互排斥的事物进行澄清、混杂和融合"。他因此断言，"在现代主义模式中，可以确定的事情是，事物间的关系与其说是'分崩离析'，毋宁说是'有机结合'"。从这个意义来说，现代主义的真正特征和成果"不是分裂解体，在某种程度上可以说是超级整合"。①

现代主义者最孜孜不倦地追求整合的最终目的是人性的释放和重建。如果说维多利亚时代的文化注重的是对人性的压抑和控制，鼓励理性和灵性，那么现代主义时代的文化则更倾向于将人的本能和激情统一在一起。因此，现代主义者强调"真实"，要求人们尽可能地融合心灵的意识和无意识层面，使呈现在公众面前的自我更接近"真正的"自我。这个标准是比维多利亚文化所倡导的"真诚"准则更难达到，因为要达到这个标准需要人们努力直面维多利亚时代的人们力图规避的那种强烈的自我认知。这也是为何现代主义者的小说青睐意识流的技巧，为的是捕捉到潜意识中的、生机勃

---

① ［美］詹姆斯·麦克法兰：《现代主义精神》，载于布拉德波里和麦克法兰：《现代主义》，第 80 - 81、83 - 84 和 92 页。转引自［美］丹尼尔·J.辛格：《威廉·福克纳：成为一个现代主义者》，王东兴译，黑龙江教育出版社 2015 年版，序言第 16 页。

勃且真实的自我，而不是维多利亚时代的那种中规中矩、稳定持重的自我。一言以蔽之，19 世纪维多利亚时代的文人更多的是力图躲在幻觉和斯文之下保护自己，而现代主义者则勇于直面丑陋、肮脏、自私、贪婪、贫困、恐怖等消极方面，因此只有如此，人们才能在其中获取最重要的人生体验和经验教训。

南方在内战后陷入猖獗泛滥的种族主义泥沼之中，伴随而来的便是横扫南方人自尊心的悲剧性贫困，而这种状况，在现代主义的福克纳看来，完全是内战前种植园主传承给后来的数代南方人的不真实且充满神话色彩的认同模式造成的恶果。因此，作为一个现代主义作家，他呕心沥血，大力批判这个虚构的贵族神话，并试图寻求一种新型的、理想化的南方认同取而代之。这种探求反映在福克纳的作品中，便是一系列典型人物的塑造。这些人物把传统南方社会努力分隔的文化、种族和性别一起融入了他们的自我之中。他们因不遵循南方社会的规矩和禁忌而付出惨重的代价，因此而承受着巨大的苦难，正如同现代人信仰的基督和救赎的典范，从而具有指引性的力量，为南方的未来带来了美好的希望和前景。由此可见，现代主义在福克纳的作品中还是具有压倒性的优势的。

出生于美国内战、工业革命这样一个充满矛盾、变革冲突的时代，新旧文化交替更迭对福克纳不可避免地产生了重大的影响，使他的思想意识充满矛盾，具有两面性。实际上，福克纳终其一生都在努力调和这两种文化及由此而带来的两个不同自我之间的关系。一方面，他出生于南方的一个大家族，是乡绅的后代，难免会受到家庭和社会所灌输给他的维多利亚时代的文化习俗，因此这个自我迫切要求一致和稳定；另一方面，由于时代的变迁和他通过阅读和观察所获取的教育又使他产生叛逆与反抗的思想意识，形成了一个具有现代主义意识的自我。这两个自我相互争斗、相互影响，就像丹尼尔·辛格所声称的，"可能存在着两个威廉·福克纳"。[①] 也就是说，福克纳一方面是老派乡绅的自我（即维多利亚式的），另一方面又是一个当代的（即现代主义的）自我。这两个自我做了一辈子的斗争，但两者的矛盾始终没有解决。在他的作品中，我们也可以看到这两种文化或者说是两个自我的冲突。也许，这也正是福克纳要表现的"人类内心的冲突"，而这也是他及其作品至今仍有无穷魅力的重要原因。福克纳本人也曾说过："我认为一个作家是分裂人格的完美例证。做作家时他是一回事；做世界居民时他又是另外一回事。"[②] 这无疑也是对他自己人生经历的精确总结。

纵览福克纳的一生，可以发现他都在努力维持这两个自我之间的平衡，并时时做着各种调整和改变，用以符合他作为作家和作为南方乡绅的双重身份。在这个调整的过程中，两个自我都没有取得完全的主导地位。而到了 20 世纪 30 年代，他的现代主义自我的地位已经相当稳固，但是，每每他现代主义自我变得过于压倒性时，维多利亚时代的自我就会及时显现，对另一个自我进行压制或阻挠。这个时期的福克纳自身互相冲突、互相制衡的两个自我暂时处于和解和休战

---

① ［美］丹尼尔·J. 辛格：《威廉·福克纳：成为一个现代主义者》，王东兴译，黑龙江教育出版社 2015 年版，序言第 23 页。

② Gwyin, Frederick L., Blotner, Joseph L. Faulkner in the University. The University of Virginia Press, 1959. p. 268.

的状态，一直到 20 世纪 40 年代初期。出于种种原因，福克纳将自我的中心转移到了传统主义，即维多利亚时代的自我，这也表明了他写作主题的一个倾斜以及写作数量的递减。

## 二、家庭的影响

福克纳出生在密西西比州北部的一个小镇，是美国南方的一片乡野地带，也许是美国文化上最落后的地方，而且他几乎没有接受过正规的学校教育。更令人奇怪的是，福克纳从小就浸润在一种维多利亚时代的礼仪氛围之中，父亲家族属于旧的种植园主阶级，而母亲则在艺术上颇有才情且在文化上拥有雄心壮志。这样的一个背景反而造就了现代主义的福克纳，并成为美国文学史上最重要、最有成就的现代主义作家。欲了解其中端倪，对于福克纳复杂的情感和辨识力，对于促使他踏上通往现代主义这一艰难历程的各种力量，我们不得不进行细致的分析和判断。而在诸多对福克纳产生重大影响的力量中，最重要的可能就是来自他家庭的影响了。

福克纳家族中与他同名的是家族的奠基者，福克纳的曾祖父，被他称为老福克纳的威廉·克拉克·福克纳（William Clark Falkner）上校。① 福克纳上校白手起家，后来成为密西西比州里普利镇（Ripley）著名的律师，南北战争中南方的战斗英雄，还是当地一条铁路的创建者和主要所有者。更有意思的是，老福克纳也是作家，写过诗和小说，还出版过一部广受好评、销量很好的小说。但同样是这个老福克纳，曾

---

① 第一次世界大战期间，福克纳为了参军，特意将自己的姓由 Falkner 改为 Faulkner，以便更像英国人的姓氏，来冒充英国人加入英国皇家空军。

经在争斗中杀死过两个人，而且最终也死于别人枪下。关于曾祖父的事迹，福克纳可能从家人、仆人及邻人的口中有所了解，他一生中的那些戏剧性事件无疑令他深深着迷。以此为蓝本，福克纳在作品中创造出不少类似于老上校的角色，如约翰·萨托里斯（John Sartoris）、托马斯·萨德本（Thomas Sutpen）以及卡洛瑟斯·麦卡斯林（Carothers McCaslin）等。这些人物英勇果敢，能力超凡，冷酷无情，这些特质在老福克纳身上都有所体现。这样一位先祖，在福克纳年幼时期对他造成深远的影响。连他的家人也评论说福克纳似乎有意无意地模仿老上校的生活，包括神态、举止，甚至职业选择。当福克纳还是个孩子的时候，有人问他生活目标这个问题，他回答说，希望成为"一个像我曾祖父一样的作家"。①虽然他没有跟人决斗过，也没做过律师，更没有修建过铁路，但福克纳倒真是如己所愿，成为和曾祖父一样的作家，而且没有料到的是，成为整个福克纳家族，美国，甚至全世界最伟大的作家之一。

福克纳上校最成功的一部作品就是《孟菲斯的白玫瑰》。他创作此小说的原因之一就是力图使用文学这个媒介来巩固他自己创制的作为维多利亚时代绅士的这个身份，传达着当时盛行的维多利亚文化所设定的文化标准，并以此来重塑他的心灵和世界。老福克纳在努力吸取维多利亚时代的文化内涵，但由于他是新近刚由贫困潦倒之徒变成富人，所以他试图通过这部书向读者、向世人表明自己是一个真正的绅士，

---

① ［美］戴维·明特：《骚动的一生——福克纳传》，顾连理译，知识出版社1994年版，第18页。

说明社会地位与道德价值总是一致的，两者都反映了天生的品格，并进而使人们相信他完全配得上新近获得的上流社会身份。借此也同时说明无论自己在之前浮华的岁月里干过什么事情，现在的"他"已是一位绅士，完全能够支配他的邪恶的激情。

另一位对福克纳有深远影响的家庭成员是他的母亲莫德·巴特勒·福克纳（Maud Butler Falkner）。莫德身材瘦小纤细，却意志坚强，靠自我奋斗读完女子学院，受过良好的教育。她对四个孩子的要求非常严格，决意要使她的家庭成为维多利亚时代优雅的典范，立志要把自己的儿子们培养成有知识、有教养的真正的绅士。在他们还未入学之前，母亲就教会他们识字，鼓励他们读书。在福克纳小的时候，母亲把经典的儿童文学介绍给他，还把狄更斯（Dickens）和库珀（Cooper）的小说拿给他看。在福克纳十岁左右的时候，他开始认真审视祖父的藏书，并从中发现了大量文学名著，包括大仲马、司各特以及其他 19 世纪浪漫主义作家的作品。除此之外，他还贪婪地阅读着吉卜林（Kipling）、马克·吐温（Mark Twain）、爱伦·坡（Allan Poe）、伏尔泰（Voltaire）、康拉德（Conrad）、巴尔扎克（Balzac）和莎士比亚（Shakespeare）等人的著作。他曾把自己最喜欢的作品——梅尔维尔（Melville）的《白鲸》（*Moby Dick*）推荐给自己的弟弟，说这是人类创作出的最好的作品之一。他的母亲以及外祖母都是天才的业余画家，外祖母甚至曾得到去罗马学习雕塑的奖学金，但因要养家糊口，只能忍痛放弃。她们一起教福克纳兄弟绘画，激发他们对视觉艺术的热情，这在福克纳的文学发展过程中发挥了不可估量的重大作用。

福克纳的父亲默里·福克纳（Murry Falkner）是个内向、沉默寡言、不善交流的人。他在试图去银行贷款买下家族的铁路失败后，一蹶不振，终日无所事事，只能以喝酒、骑马、打猎混日子。但是在不酗酒的清醒时光里，他也会带着孩子们去树林里，教他们开枪、骑马、钓鱼、打猎，给他们讲关于自己打猎的经历和在铁路上工作的故事。福克纳小时候就对家乡的森林很熟悉，也很热爱，且一生都挚爱骑马、打猎，这无疑是受父亲影响的结果。但不幸的是，福克纳也遗传了父亲待人冷漠、酗酒，并通过酗酒逃避现实的恶习。这些不好的习惯在他成年后严重影响了他的健康，福克纳的猝死与其常年酗酒的习惯不无关系。

还有一位对福克纳影响至深的人，那就是把他从小带大的黑人奶妈——卡莉大妈（Callie Barr）。她经常给他讲各种各样的动物故事以及很多黑人的民间故事，她还讲述自己为奴时期的经历、南北战争以及战后三K党的故事。这些口口相传的故事部分地满足了年少时期的福克纳对传奇、历史的渴求，培养了他超群的想象力，也为他后来从事写作事业积累了丰富的文学素材。卡莉大妈还对他为人处世方面进行严格的调教，培养他的爱心、责任心和宽容心。在她年老之后，福克纳像对待母亲一样奉养她，并在她的葬礼上说她是"对我行为的最有权威的评判者，对我身体健康的最好的保护人，还是对我家永远积极地表示喜欢和爱心的人。她是高尚行为的活生生的准则：讲真话、不浪费、关心弱者、尊重长者"。[1]

---

[1] William Faulkner, "Funeral Sermon for Mammy Caroline Barr, 1940." William Faulkner: Essays, Speeches & Public Letters, edited by James B. Merriwether, New York: Random House, 1965, p. 117.

在他的作品《喧哗与骚动》中，读者可以从黑人女佣迪尔西的身上找到卡莉大妈的影子，以及福克纳在她们身上所赋予的希望和敬意。

### 三、外界的影响

1913 年到 1914 年期间，在福克纳最无聊、孤独的日子里，一位耶鲁大学生，也是对福克纳日后创作有重大影响的伙伴菲利普·艾弗里·斯通（Phillip Avery Stone）出现在他的生活里。斯通也是镇上名门望族的后代，为了实现家族的期望，他上了耶鲁大学，并打算成为一名律师。虽然如此，但他更喜欢从事文学方面的研究，他拥有大量藏书，包括古典作品和最新的现代主义著作。他结识了福克纳，惊异于他的文学天赋和才能，相信他能成为一位出色的诗人，并自觉不自觉地承担起福克纳文学导师的角色。于是，他借给福克纳大量书籍，鼓励他创作诗歌，并把自己接受的耶鲁教育的精髓传给他。在他们频繁密切的十年交往中，他们的交流涉及了文学、哲学、历史和政治等方方面面。在与斯通的长期交流探讨中，福克纳受益匪浅，尤其是斯通将福克纳引入了现代主义文学之路，向他全面提供了有关现代主义文化的入门知识，他因此而阅读了大量的法国的象征派诗歌还有现代派诗人如 T. S. 艾略特、庞德和康拉德·艾肯等人的作品。此外，在斯通的引荐下，福克纳还阅读了一些发表了许多现代派作家作品的杂志，包括《诗歌》（Poetry）、《小评论》（Little Review）、《自我主义者》（Egoist）和《拨号》（Dial）等。这些书籍大大开阔了他的视野，使他接触到当时先锋作家的现代主义作品，比如英国小说家乔伊斯的《尤利西斯》，艾略特的《普洛弗洛克的情歌》等。虽然他很欣赏乔伊斯的小说，并在创作中受其影响采用现代派手法，但是，他并不喜欢现代派诗人，而更青睐 19 世纪浪漫派的诗歌作品，如济慈的《夜莺颂》《古希腊瓮》等。这也说明福克纳是个矛盾的混合体，具有两面性：既向往现代主义的趋势，又倾慕维多利亚时期的优雅。正如明特所指出的，他所虚构的约克那帕托法县"既不来自密西西比的生活，也不出自英国诗歌，既非起源于实实在在的土地，也非萌发于想象中的天堂，而是两者矛盾冲突的产物"。① 从 1914 年到 1918 年期间，斯通的确给予了福克纳所急需的指导和帮助，使其接受了比较完整且系统的文学及理论知识，对南方的历史、政治背景以及他所搜集的大量观察资料有了更深刻的理解，这些对于充实福克纳所熟悉的民间故事和传说以及为日后的文学创作打下了坚实的基础。1921 年，福克纳在诗歌创作上陷入绝境，止步不前时，斯通介绍他看威拉德·亨廷顿·赖特的《创造的意志：关于美学的形态和哲学的研究》。这本书对福克纳影响极大，尤其是作者对诗歌和小说关系的看法深深影响了福克纳。此后，福克纳开始采用他的观点来写评论、创作小说。

1925 年，对福克纳人生具有重大影响的另一位人物出现了，那就是舍伍德·安德森（Sherwood Anderson），也就是《俄亥俄州的温斯堡》（又译作《小城畸人》，*Winesburg , Ohio*）的作者。福克纳读过他的这部作品，还读过《鸡蛋的

---

① ［美］戴维·明特：《骚动的一生——福克纳传》，顾连理译，知识出版社 1994 年版，第 20 页。

胜利》等短篇小说，尤其喜欢《我是个傻瓜》。安德森是个温厚的长者，对年轻人非常友好，并尽心提携，还曾经帮助海明威出版过作品，并介绍他认识斯泰因等知名作家。他们一家刚刚搬至新奥尔良居住，其妻伊丽莎白·布莱尔是福克纳的朋友，在纽约时曾雇过他打零工。安德森当时的名气正如日中天，但是对无名小卒福克纳一见如故，非常友好，邀请他住在自己家。在交谈中，安德森立刻就发现了福克纳的文学天赋，并对他显示出特殊的兴趣和关爱。他劝说福克纳放弃诗歌创作而改写小说，并引领他交流小说写作的技艺，拜会当时文学界的名流，将其引入文艺圈。尤其重要的是，安德森加速并进一步确定了福克纳心中业已存在的倾向——要在文学中用美国本土的语言和主题写作。安德森本人就是此主张的倡导者和执行者，他之前在写作中也坚决拒绝效仿欧洲的写作模式和风格，认为应该放弃不自然的措辞和矫揉造作的写作方式，而应该使用日常自然的语言，用直接简洁的方式叙述真实人的故事。在安德森的引导和劝解下，福克纳更加确信南方不仅属于新近获得解放的美国文学，还为作家提供了无法估量的创作素材。在此之前，作为南方人的福克纳还在为自己狭隘的地方性写作而苦恼，如今，安德森改变了他的看法，使他深信现代美国小说应该且必须植根于地方性之中。对此，福克纳在后来又重申安德森的话："只是你要记住它，并且不以它为耻。因为开始之地和其他任何地方一样重要。"① 安德森还建议福克纳去写作自己所熟悉的那块

---

① ［美］安德森：《舍伍德·安德森的笔记》，第116页。转引自［美］丹尼尔·J. 辛格：《威廉·福克纳：成为一个现代主义者》，王东兴译，黑龙江教育出版社2015年版，第93页。

土地，"你必须要有一个地方作为开始的起点，然后你就可以开始学着写……你是一个乡下小伙子；你所知道的一切也就是你开始你的事业的密西西比州那一小块地方。不过这也可以了。它也是美国；把它抽出来；虽然它那么小，那么不为人知，你可以牵一发而动全身，就像拿掉一块砖整面墙会坍塌一样。"① 这正是身处南方无名荒蛮之地的福克纳所渴望听到并以此为金科玉律的最好建议。此外，对于现代主义作家，安德森也为福克纳打开了阅读和理解之窗，更加提升了在后者心目中的地位。黑人对安德森的吸引力同样传染给了福克纳，认为"黑人具有什么品性——对人内心深处的生活具有直觉的敏感性和能够本能地看透人性"。② 这种黑人观对于福克纳日后的创作，尤其是对黑人人物的塑造有着至关重要的影响。可以说，安德森是福克纳文学创作生涯中第二个重要影响人物，而且其作用要远比之前斯通大得多。

还有一位对福克纳的现代主义文学之路有重大影响的人物，就是威廉·斯普拉特林（William Spratling）。这位斯普拉特林是画家，也是图兰大学的建筑学教师。他对现代艺术非常痴迷，并愿意将自己的心得分享给福克纳，提高后者对现代主义的认识和欣赏能力。由于斯普拉特林的引荐，福克纳还与其他现代派艺术家相识相知，从他们身上学习、感知有关美学的知识。此外，斯普拉特林卓越的绘画才能，使得曾立志要成为一名画家的福克纳认识到自己在绘画艺术方面天

---

① ［美］福克纳：《记舍伍德·安德森》，李文俊译，见陶洁编《福克纳作品精粹》，河北教育出版社 1990 年版，第 503 页。

② Thadious M. Davis, Faulkner's "Negro": Art and the Southern Context, Baton Rouge：Louisiana State University Press, 1983, pp. 39–40.

赋的欠缺，更坚定了他要从事文学创作的决心。在寓居新奥尔良期间，他和形形色色的人结交、聊天，参与一些文学话题和文学人物的讨论，对现代主义文学的各种思潮有了更深层次的了解，还接触了相关的哲学、心理学等方面的现代派的理论。这些经历大大开阔了福克纳的眼界，更为他日后走上现代主义小说家之路打下了坚实的基础。

总而言之，对于出生于世纪之交、经历了第一次世界大战，并受到维多利亚时代传统和现代主义潮流双重影响的福克纳而言，其创作难免会带有时代的烙印。从文学角度来说，福克纳主要受到两方面的影响：一方面，来自于南方文学传统以及第一次世界大战后迸发的南方文艺复兴运动的影响。作为一位生长于南方，对南方有深厚感情的作家，福克纳的作品具有浓厚的南方特点，并深刻反映了南方在内战和第一次世界大战后的价值体系的变化以及南方人因此而产生的悲观情绪和荒原意识。以自己家乡"邮票般大小的地方"为创作背景，福克纳构建的"约克纳帕塔法"世系小说充满着浓郁的历史保守感和现代悲剧意识，其作品中也带有独特的美学价值。正如罗伯特·斯皮勒（Robert E. Spiller）所指出的，"我们明显地看出福克纳的作品里有自觉与控制有素的美学素质。一旦找到了自己的特殊使命，将南方的家族史表现为人类堕落与腐败的现代史诗，福克纳毫不动摇"。[①] 另一方面，来自于现代主义流派以及经典作家艾略特的《荒原》和乔伊斯的《尤利西斯》的影响。现代主义流派中的法国象征主义

① ［美］罗伯特·斯皮勒：《美国文学的周期》，王长荣译，上海外语教育出版社1990年版，第236页。转引自葛纪红：《跨越时空的叙事》，江苏大学出版社2015年版，第17页。

以及弗洛伊德的精神分析学说对福克纳有至关重要的影响。在他早期创作的诗歌及后来的小说作品中我们可以领略到这些现代派的痕迹。艾略特的诗中运用了大量的意象及典故，造就了其诗歌晦涩难懂的文风，也表明了现代人类的颓废、消极情绪。这些对于福克纳的小说的语言特色和创作主题有重大意义。乔伊斯的作品，尤其以《尤利西斯》为甚，多使用现代主义的文体风格，包括意识流等写作手法。而这些我们都可以清晰地在福克纳的作品中发现。当然，在这些流派和运动影响的背后，是福克纳对于美国南方，广而言之，整个人类社会和人类命运的忧虑和关心，以及为此而作出的哲学思考。

## 第二节　福克纳早期的创作

福克纳的创作生涯远在他青少年时期（十三岁左右）就开始了，不过是以诗歌创作的形式出现，而且有浓厚的模仿痕迹，效仿的主要是 19 世纪的英国诗歌。在当时，福克纳在《诗歌》《小评论》等杂志上读到的一些现代派早期诗人的作品使他非常着迷，这些 19 世纪后期的象征派作家和颓废派作家的悲伤论调，满足了他探索突破维多利亚时代的限制的需求。1919 年，福克纳仿照 19 世纪象征派诗人魏尔伦（Verlaine）的《牧神》写了《大理石牧神》（*The Mable Faun*）（这部作品直到 1924 年才得以出版发行），并把此诗献给儿时青梅竹马的朋友艾斯苔尔·奥尔德姆。这是一首以春夏秋冬四个季节为序的一组诗作，描写了挺立在英国花园里的大理石牧神。首先它感受到了春天万物苏醒、盎然的生机，于是追求"狂喜"和"理想的女性"的欲望喷薄而出，一发不可收拾。但是，诗中转而描述了它无法摆脱作为石头的命运，最终只能安于自己的永恒状态，寻求一种平静的沉默。整篇诗作充满着浪漫而热烈的情绪，但也始终带有对无法企及欲望的失落。很显然，借由此诗，福克纳在悲叹自己如同大理石牧神般的命运——无法获得心爱之人的爱情。但评论家辛格尔认为，"牧神的困境代表着福克纳自己的一种投射，大理石的禁锢象征他在遭受和渴望克服的维多利亚时代的压抑"。[①] 如此看来，这首诗展示了存在于福克纳内心深处并煎熬其一生的矛盾在此时开始了第一次的爆发。一方面，他内心深处渴望将自己强烈的情感宣泄出来；而另一方面，由于母亲对他的影响，他又要维持 19 世纪纯洁和清白的文化理想。因此，福克纳早期的诗歌创作，可以说是运用象征主义技巧对被禁领域的一系列实验性的突破。但是，"他的手中还是坚定地握着维多利亚时代的道德罗盘"。[②] 从这个意义上联想，其实曾经支配他曾祖父的那些维多利亚时代的价值观和思想，如今还在福克纳的脑海深处盘桓不去，牢牢地控制着他的思维方式和行文风格。母亲潜移默化的影响也根植于福克纳的内心，因此有评论家指出，他的母亲很可能就是他诗歌中的那位无法企及的女性典范。简而言之，这也就是为什么他只能把诗歌创作锁定在一个安全的范围内而不敢越雷池半步。

　　1921 年，福克纳把一本名为《春之幻景》（*Vision in*

---

① ［美］丹尼尔·J. 辛格：《威廉·福克纳：成为一个现代主义者》，王东兴译，黑龙江教育出版社 2015 年版，第 79 页。
② ［美］丹尼尔·J. 辛格：《威廉·福克纳：成为一个现代主义者》，王东兴译，黑龙江教育出版社 2015 年版，第 80 页。

*Spring* ） 的 88 页的诗歌小册子献给艾斯苔尔，这算是他诗歌创作的最佳作品了，也意味着他诗歌写作生涯的结束。按照有些评论家的说法，《春之幻景》可能代表着福克纳"争取独立，摆脱他母亲那唯一的爱及其价值观"[①] 的一种努力，但很显然，他还没有做好打破这个藩篱的准备。但是为了继续成长，他势必要寻找一种新的文学手段来促成这个决裂。在接下来的四年里，福克纳阅读了大量的过去的和现当代的大师的作品。通过阅读，他期待一种身份的寻求和认可，一种作家的身份。1925 年，福克纳的生活发生突然的改变，内心积聚了多年的矛盾和力量终于不可抑制地爆发了，大理石牧神摆脱了禁锢。这一年，他遇到了舍伍德·安德森，在后者的鼓励和敦促下，福克纳创作了小说《士兵的报酬》（又译《军饷》，*Soldiers' Pay*）。这部小说非常清晰地表明了他当时内心的剧烈矛盾：一方面，他自觉而努力地试图使小说看上去有现代主义特色，采用了现代主义的手法及体现现代主义的思想意识，里面充斥着乔伊斯、伍尔夫、康拉德、艾略特以及安德森等现代主义作家的文学写作技巧的痕迹以及象征主义和希腊神话典故等手法；另一方面，这部小说里仍然充满着他浪漫主义的气质，是他维多利亚时代影响的产物。安德烈·布莱凯斯坦（Andre Bleikasten）评论道，"人们……会觉得福克纳的这部小说始终忠实于颓废派文学的矫揉造作的用语，与他过去的诗歌很接近"，[②] 这些都说明他还是渴望

---

① ［美］戴维·明特：《骚动的一生——福克纳传》，顾连理译，知识出版社 1994 年版，第 41 页。

② Andre Bleikasten. The Most Splendid Failure：Faulkner's "The Sound and the Fury." Bloomington：Indiana University Press，1976. p. 18.

回到维多利亚时代的安全状态之中。

《士兵的报酬》这部小说主要描写的是第一次世界大战后人们主要是士兵们的苦闷和迷惘。这一点和"迷惘的一代"的作品的主题很相似，揭示了战后老兵们有家不能回的失落和对漠视他们的社会的失望以及人们普遍存在的精神世界的堕落等。书中涉及两类对立的人：一类是直接经历过战争的人，另一类是没有经历过战争的人。以唐纳德·马洪（Donald Mahon）、玛格丽特·鲍尔斯（Margaret Powers）以及乔·吉利根（Joe Gilligan）为代表的是参加过战争，对战争及人类的生存状态有清醒认识的一群人；与之对立的是，士官生朱利安·洛（Julian Lowe）和塞西莉·桑德斯（Cecily Saunders）。主人公唐纳德·马洪在战争中头部严重受伤，失去了行动能力，在烈士遗孀玛格丽特以及复员军人乔的帮助下重返家乡佐治亚州的查尔斯顿的故事。到家后，他们才发现唐纳德的未婚妻塞西莉已经另有情人，并且即将结婚。为了安慰将死的唐纳德，玛格丽特决定牺牲自己嫁给他。但没多久，唐纳德就死去了。除了这条叙事主线以外，书中还有其他人物的塑造和情节的描写。士官生朱利安·洛想成为一名飞行员，目的不是作战，却是成就人们心目中的翩翩绅士形象。他从来没有走出过训练营，也不具有成年人的刚强和坚毅，因此是一个对战争不了解的"孩子"形象。马洪的未婚妻塞西莉是一个轻浮的女孩儿，为福克纳所不屑。她以及其追求者们衣着考究，以自我为中心，被家人过分宠爱，空虚愚蠢，完全不理解那些战后老兵的苦闷，而且对他们明显地不尊重。书名为《士兵的报酬》，主题主要涉及平民社会不断忽视老兵以及他们所付出的巨大代价。他们英勇地进行过战斗并因此而受伤，从战场返回后还带回了至关重要的关于命运的认知，可是平民社会最终给他们的实际酬劳却是漠视和抛弃，将他们抛进了精神的孤独之中。正如书中人物玛格丽特所评价的，老兵很快就成为社会眼中的"战争的残余"。连吉利根也说，"制服和受伤不仅不再时髦，而且还成了麻烦"。①

对于书中人物的刻画，福克纳也向读者展现了他矛盾的心理：一方面，他极力赞美老兵们基于经验直面生活的斯多葛派的世界观，认为现代人本质应如此；另一方面，他又对老兵们过时的甚至是狭隘的信仰产生质疑。唐纳德的父亲约瑟夫·马洪这个人物的身上尤其体现了福克纳的这种困惑和犹豫。马洪牧师是旧文化，即维多利亚时代传统文化的典型象征。他一直墨守着宗教的无意义仪式，完全无视环境和时代的变迁，保持着幼稚的乐观心态。与其子相比，他根本不具有直面现实的能力。福克纳一方面指出了这位 19 世纪世界观代表人物的局限性，但同时又对他充满同情，甚至带有近乎敬慕的意味。这个人物象征着一直伴随福克纳成长，但在现代主义思潮影响下不得不拒绝的维多利亚时代的文化。其实对这个人物及其代表的世界的喜爱说明福克纳内心深处还不愿放弃这种文化所提供的安全感和慰藉。小说的结尾以马洪牧师和吉利根呆呆站着倾听教堂里的圣歌结束，福克纳借此说明代表日渐衰落的维多利时代旧文化和代表斯多葛式的新文化之间的矛盾和妥协。这也从另一个侧面说明福克纳在

---

① William Faulkner. Soldiers'Pay, New York：Liveright，1996. pp. 130－131 and pp. 136－137.

《士兵的报酬》这部小说中还没有找到解决当代精神危机的现代主义的方式。

1925 年 7 月，在旅居巴黎期间，福克纳写了《埃尔默》（*Elmer*），试图追随当时的时代潮流。虽然最终并没有完稿，但在创作期间，他曾非常激动地认为这是自己的一部杰作，必能超越《士兵的报酬》。在与母亲的通信中，他承诺要写出一部"伟大的作品"。"《埃尔默》的情节在我的脑海中非常清晰，我几乎无法迅速地把它写下来。"① 尽管《埃尔默》最终未能完成，但这是一部福克纳的精神自传式的作品，反映了当时福克纳的心路历程。同时，这部作品明显带有弗洛伊德精神分析的痕迹。此外，读者还可以从中看到福克纳情感中维多利亚时代的文化和价值观仍然处于支配的地位，但同时也揭示了他在巴黎逗留期间文化进步的状态。1925 年春天，福克纳结识了一位名叫海伦·贝尔德（Helen Baird）的女孩儿，并陷入了一场柏拉图式的恋情之中。1926 年 1 月，他把一篇名为《五朔节》（*Mayday*）的小寓言献给她。在这篇小说里，他模仿维多利亚时代南方著名作家詹姆斯·布兰奇·凯布尔（James Branch Cable）的风格，内容类似亚瑟王与圆桌骑士的传奇故事。《五朔节》讲述了阿斯格尔的高尔文先生的传奇经历，探讨了浪漫爱情的本质。此小说表明了福克纳对爱情及美好事物的看法，即它们既值得追求又永远不能获得的矛盾心理。

在此期间，福克纳还继续写作他在巴黎就已经动笔的小

---

① Joseph L. Blotner. Faulkner：a Biography. New York：Random House，1974. Volume one，p. 453，p. 466.

说《蚊群》（*Mosquitoes*），并于 1926 年夏将此作品献给海伦。这部小说虽然被一些评论家认为是他最糟糕的一部作品，但这部作品表明了他脱离了舍伍德·安德森的影响，并揭示了他的一些文艺理念和艺术观。小说讲述了一群文人在一艘搁浅的游艇上的故事。故事中主要塑造了两位人物，一位是以安德森为原型的作家道森·费尔柴尔德；另一位是以他的好友画家斯普拉特林为原型的现代主义雕刻家戈登。费尔柴尔德年纪颇长，已经过了写作的盛年，才华不再，但依然侃侃而谈，以长者的身份谈论着自己对文学和艺术的看法。借由费尔柴尔德之口，福克纳正面表明了自己对安德森的抨击，但同时也对他的天赋表示了尊重。在《蚊群》中，他评价费尔柴尔德（也就是安德森）"是一位有着无可置疑的天赋的人""尽管他面对复杂微妙的情感时显得笨手笨脚，茫然不安"。[①] 但他出生得太早了，因而无法避免掉进一个衰退中的文化留下的陷阱。此外，福克纳还指出安德森的狭隘性，说他并没有远离带有地方色彩的文学传统。他认为只有当地方性的素材被放置在更为广泛的背景中并赋予其普遍的象征意义时，才能相信这些素材，也才能真正远离带有地方色彩的文学传统。与此同时，在小说中，福克纳塑造了一个与道森·费尔柴尔德截然相反的人物——戈登。戈登是一个雕刻家，他沉默寡言，从不试图用夸夸其谈来吸引他人的注意。他很善于观察生活，但又没有参与其中——"在他傲慢的城市中，在他的孤独和骄傲的高楼上，他自给自足怡然自

---

① William Faulkner. Mosquitoes. New York：Liveright，1997. p. 188，p. 189.

得。"① 这种离群索居、冷眼旁观的样子可以说是福克纳心目中理想的先锋艺术家的形象。值得注意的是，福克纳特意将他塑造成一个身材高大、肌肉强健、充满阳刚之气的男子汉形象，一方面是为了与费尔柴尔德才肌肉松弛的颓废之势形成鲜明对比；另一方面也是为了批驳南方普遍存在的一种观念，即"与血气方刚和勇敢的男人们做的事相比，成为一位作家则有点儿女人气了"。② 通过这样一位具有男子气概的人物，福克纳证实了在他所处的时代，"写作完全可以是男人的事了"。③

在《蚁群》中，福克纳还把自己的艺术观通过戈登进行了阐释。小说开始的时候，戈登在一块大理石上雕刻一个女性的身体，但是这个雕像没有手臂，没有腿也没有头，这是他最珍爱的一件雕塑品，因为他解释说，"这是我的理想中的女性，一个没腿离开我，没胳膊搂抱我，没头脑和我交谈的处女"。④ 在大理石上进行雕刻说明戈登（或者说是福克纳本人）追求的是不可战胜的纯洁，永恒而光辉的美。在福克纳眼中，雕像是无法超越的艺术形式，它代表着纯洁和不可征服的贞洁，具有永存于世的永恒性。但是，随着小说的展开，戈登的艺术信念发生了转变。在小说的结尾处，戈登表现了对"黑色"的强烈偏好，与之前对大理石雕刻的探求形成鲜

① William Faulkner. Mosquitoes. New York：Liveright，1997. pp. 9 – 10.
② ［美］丹尼尔·J. 辛格：《威廉·福克纳：成为一个现代主义者》，王东兴译，黑龙江教育出版社 2015 年版，第 145 页。
③ ［美］丹尼尔·J. 辛格：《威廉·福克纳：成为一个现代主义者》，王东兴译，黑龙江教育出版社 2015 年版，第 145 页。
④ William Faulkner. Mosquitoes. New York：Liveright，1997. p. 22.

明的反差。但遗憾的是，这其中的转变过程及原因，福克纳并没有在文中加以交代，因此稍显突兀，不够顺畅，这也是《蚁群》最严重的失误。在故事结尾处，戈登用黏土雕刻成莫里哀夫人（Mrs. Maurier）的头部肖像，这个如同面模般的肖像揭示了莫里哀夫人的面部表情，甚至精确捕捉到她自己都没有意识到的内心深处的映像。与之前纯粹用想象力塑造出来的大理石雕像相比，这个黏土肖像实实在在、真真切切，并探究其外表之下隐藏的内在自我。对此，辛格指出，这是福克纳承认和接受了自己内心的真实想法，"由此跨越了颓废派的边界，进入了真正的现代主义艺术观支配的天地中"。①

事实上，20世纪20年代前后是一个风起云涌、各种思潮和运动层出不穷的时期。南北战争和第一次世界大战的先后爆发给美国南方带来了深刻的社会变革。南北战争导致了奴隶制的废除，但是南方却深受维多利亚时代政治、经济、思想的影响，保持着一种落后、保守的农业经济传统。世纪之交的第一次世界大战之后，美国，主要是资本主义经济盛行的北方，工业迅猛发展，带动了全国经济的高速发展，连内战后一直处于贫困状态的南方，也因总统威尔逊在任期间所实行的资助政策而有所好转。与此同时，北方资本主义的价值观开始对南方传统的价值体系造成冲突，南方落后的农业经济社会开始发生巨大的变革。但是，由于贫富差距越来越大，人们越发看到政府反动的一面，对之前的"美国梦"的信仰也产生了动摇。1929年，席卷了整个资本主义世界的经

---

① ［美］丹尼尔·J. 辛格：《威廉·福克纳：成为一个现代主义者》，王东兴译，黑龙江教育出版社2015年版，第149-150页。

济危机，首先是以美国纽约证券交易所的股票崩盘开始的。随之而来的是人们的生活也因此陷入水深火热之中，一些左翼作家也开始创作反映当时处于生活最底端的贫苦民众的作品，以此抗议政府的政治压迫和控制。由于社会的动荡和变革而产生的社会矛盾越发尖锐，也使人们看到了社会现实的真实面目。正是在这样一个重大的历史转折时期，美国文学上十分重要的"南方文艺复兴"也于 20 世纪 20 年代兴起，大批优秀的小说家、诗人、戏剧家先后涌现出来。他们开始对社会发展的走向、人的价值体系以及人类的命运进行严肃、深刻的思考和艰难的探索，并力图找出人类的出路。一些南方的作家背井离乡来到北方大城市体验生活，但大城市的生活并不令他们满意，最终只得重返家乡。但是归来的作家们发现自己已经无法像之前那样融入当地人的生活，也"无法'接受社区生活的日常价值'。在这种情况下产生的作品反映了'他们对社区的精神上的疏离'，'表现了他们对该社区过往的道德和人性方面的历史所进行的深入剖析。'这种文学具有鲜明的南方色彩，特别关注时间、地点和历史的沉重负担，既探讨南方文化和生活中有价值的东西又尖锐批判其种种缺点与问题，尤其是奴隶制造成的罪恶"。[①] 从某种程度上说，南方文艺复兴是美国南方传统文学和现代主义文学两股潮流互相结合、交互影响的结果。福克纳是南方文艺复兴时期最具代表性的作家，也是现代主义文学的卓越践行者。这也正是他能够将美国南方的文学传统与现代主义的写作技巧有机结合在一起的重要原因。同样需要我们关注的是，福克纳

---

① 陶洁：《福克纳研究》，上海外语教育出版社 2013 年版，第 63 页。

"既是一名'向后看'的保守主义者，又是一位在小说形式和写作技巧上激进的实验家。他一生都在孜孜不倦对小说形式和写作技巧进行实验和探索，但他绝不是一个为艺术而艺术的唯美主义者。同其他现代主义作家一样，他不懈地探索新手法只不过是为了能更准确地表达他对传统观念解体后的现代世界的整体看法，或者用他的话说，是为了更准确地表达他眼中的'真实'"。①

虽然美国第一个获得诺贝尔文学奖的作家辛克莱·刘易斯在其获奖感言中称他为"把南方从有裙撑的裙子下解放出来"② 的人，但令人寻味的是，福克纳在南方文艺复兴运动中并没有加入南方的任何团体，他像孤胆英雄般默默地在自己那块"邮票般大小的土地"上辛勤耕作，努力营建自己梦想中的南方王国。这个王国囊括了整个社会和之前存在的结构、历史和贵族神话。实际上，自 1926 年 9 月《蚁群》出版，福克纳之后的小说创作有了惊人的转变，开始以自己生活的南方为背景进行写作。其中的原因众说纷纭，但可以肯定的是，他已经"开始意识到地方性和世界性这两个领域是能够联结在一起的，而且会有巨大收获。这样，转向一个熟悉的环境真正地使得福克纳的现代主义视角和观点拥有了坚实的根基和他先前没有欣赏到的深度"。③ 这种写作策略的急

---

① 肖明翰：《威廉·福克纳研究》，外语教学与研究出版社 1997 年版，第 5 页。
② 转引自陶洁：《福克纳研究》，上海外语教育出版社 2013 年版，第 62 页。
③ ［美］丹尼尔·J. 辛格：《威廉·福克纳：成为一个现代主义者》，王东兴译，黑龙江教育出版社 2015 年版，第 153 - 154 页。

剧转变，使得福克纳由一名三流的小说家上升为令全世界景仰的现代主义文学大师。同样，这个转变也使得福克纳最终成就了作为现代主义作家的自我，并以此来抵制对他有重大影响的维多利亚时代的情感。

1927 年前后，福克纳开始两本以南方为背景的小说的创作，一本原名为《亚伯拉罕族长》（*Father Abraham*），主要讲的是斯诺普斯家族（Snopes saga）的事迹，最终归于《村子》（*Hamlet*）一书；另一本名为《坟墓里的旗帜》（*Flags in the Dust*），主要叙述了萨托里斯（或译作沙多里斯）家族的故事。而后者的写作"标志着福克纳发现了约克纳帕塔法"。① 自此之后，福克纳的创作都围绕着约克纳帕塔法县这个"邮票般大小的地方"及其居民展开，而他的作品也脱离了之前模仿他人的俗套，拥有了他自己特有的艺术风格，而且在思想深度、表现力以及技术探索方面远远超过了与他同时期的其他南方作家，成为美国最具代表性的伟大作家之一。

《坟墓里的旗帜》主要记叙了萨托里斯家族的故事和与之对称的班鲍家族的故事。故事以一位南北战争退伍老兵福尔斯回忆老上校萨托里斯为开头，追忆了他生前的光辉业绩。这位"神"一样的人物是家族的缔造者，并对其后人有重大的影响。其孪生曾孙——小贝耶德和约翰都是参加过"一战"的飞行员，但约翰因其鲁莽和不计后果的做法，在与德军对峙作战时不幸身亡。小贝耶德对弟弟之死深感愧疚，同时又为自己无法再现当年老萨托里斯的丰功伟绩而承受沉重

---

① ［美］丹尼尔·J. 辛格：《威廉·福克纳：成为一个现代主义者》，王东兴译，黑龙江教育出版社 2015 年版，第 153 页。

的心理负担。这种矛盾的心理使得他战后回到家乡饱受折磨：一方面，他无法融入到战前家乡那种一成不变的保守的南方生活；另一方面，他又没勇气与过去完全决裂，无法摆脱家族的影响。于是，怀着这种既愧疚又百无聊赖的心情，他只能通过各种方式寻求逃避和自我毁灭。最后，他抛妻弃子，坚持去为一架设计有问题的飞机做飞行试验而最终丧生，终于实现了他的自杀计划。与之相对照的是小说中另一个典型的南方人物——霍拉斯·班鲍。他表面看起来跟小贝耶德截然不同：他沉默寡言，而小贝耶德则喜欢滔滔不绝；他喜欢安宁平静的生活，而小贝耶德则喜欢寻求刺激。如果说萨托里斯家族体现的是南方贵族神话中贵族的精神气质的话，那么班鲍一家人则代表着南方文化遗产中更为雅致的一面。他们的住宅格调、生活方式以及思想状态是英国维多利亚时代理想移植到美国的绝佳代表。但是，作为南方人，霍拉斯也难逃维多利亚时代的情感影响。他安于自己高尚而孤独的囚笼生活，但是这个囚笼实际上是没有顶盖，可以随意进出的。他的这种过于安宁的生活实际上也是他逃避生活的一种表现，因此当他遇到有夫之妇贝拉时，就难以自控地陷入自己一直埋藏的动物性的激情之中，走上了自我毁灭的道路。

这部小说一个比较引人注目的地方就是福克纳运用了当时非常流行的弗洛伊德的精神分析法来塑造他的两个主要人物，并用此来抨击 19 世纪的南方文化。"可以说，这种精神分析的方法使得福克纳以得到认可的现代主义方式洞察意识之下的事物，从而为思考南方地区提供了明显新颖的视角。同时，它与间接塑造人物的技巧相结合，第一次给予了福克纳进行基本探索所需要的工具——这使得他在理解南方文化内在动力机制并确诊其病症的同时，能够保护自己免受他发现的所有事物的伤害。"① 其实，根据弗洛伊德的学说，究其原因，两个主人公的最终下场都是他们的自恋导致的。"其中的自恋是一种比喻，生动地再现了福克纳已继承的价值观中的内在危险，当然是福克纳觉察到的危险。"② 反映到小贝耶德身上，他一方面想成为萨托里斯家族"鹰"一样的人物，这已经成为他自我陶醉和自恋的主要源泉；另一方面，他又厌恶强加于身的这种家族的桎梏，因为这种限制严重影响了他成就自己理想的能力和行动力。因此，贝耶德一直处于对家族遗产所怀有的忠诚和敌视交加的心理状态之下。而对于霍拉斯而言，他所受到的过度保护反而使得他面对诱惑时无法自拔。正如辛格所指出的，"维多利亚时代的文化坚持把人心中的动物性部分与文明部分截然分开，并将后者供奉为不可改变的理想，使得霍拉斯在面对现实的人性时陷于孤弱无助的境地"。③

这部小说的重要性还在于其明显的自传性质。首先，小贝耶德所崇拜的老萨托里斯就如同福克纳的曾祖父老福克纳一样，是个勇猛尚武、野心勃勃的传奇人物，也曾参加过南北战争，战后也修建过铁路，开过银行，并且"教养良好"，

---

① ［美］丹尼尔·J. 辛格：《威廉·福克纳：成为一个现代主义者》，王东兴译，黑龙江教育出版社2015年版，第173页。

② ［美］丹尼尔·J. 辛格：《威廉·福克纳：成为一个现代主义者》，王东兴译，黑龙江教育出版社2015年版，第178页。

③ ［美］丹尼尔·J. 辛格：《威廉·福克纳：成为一个现代主义者》，王东兴译，黑龙江教育出版社2015年版，第179页。

是个"天生好交际的男人"。萨托里斯家族是南方贵族神话的缩影，充满了贵族的魅力，正如福克纳在书中所描述的，萨托里斯家族"为这个国家设定了品位标准"。小贝耶德喜欢飞行，在"一战"中是空军飞行员，这些跟福克纳的个人经历有些相似，其实，在某种程度上，满足了他的无缘"一战"，无法成为战争英雄以效仿其曾祖父的虚荣心。小贝耶德喜欢冒险，福克纳也喜欢开飞机、骑烈马等刺激性的活动。同样地，两人都喜欢喝酒，甚至到了酗酒的程度。另外，两人的弟弟都是在驾驶飞机时由于飞机失事而亡，并且两人都为此承受了沉重的心理负担和愧疚感。另外一个主要人物霍拉斯身上同样也有福克纳的影子。可以说，霍拉斯是南方传统知识分子的典型形象，从事的法律或运动活动很大程度上是为了逃避现实生活。正如福克纳年轻时期那样，想象自己成为一名诗人，任由自己的想象力在天空中翱翔。但实际上，又都难免会受到现实的冲击，处于矛盾的心理状态之中。有意思的是，两人都跟一个离了婚的女人结婚。

此外，这部小说也反映出福克纳内心文化的激烈冲突。维多利亚时代的文化影响使得他一方面珍视家族神话，私下里认为自己家族成员要比其他人高出一等；但另一方面，他现代主义文化的影响又要求他打破对家族的崇拜，将南方及其历史根植于现实之中，探索过去的真相。这样的内心矛盾和两种文化的交锋，使得"《坟墓里的旗帜》就成了从根本上支持却也略有犹疑地支持贵族神话的一本书"。① 也有评论

---

① ［美］丹尼尔·J.辛格：《威廉·福克纳：成为一个现代主义者》，王东兴译，黑龙江教育出版社2015年版，第162页。

家指出，福克纳借由小说中的人物来批判南方的贵族神话，南方的英雄主义以及南方骑士精神对其子孙后代造成的沉重的心理负担。在书中，他也开始探究历史给当代人带来的影响，反思以他自己家族为代表的南方地区的历史和文化传统，并辛辣指出南方人引以为豪的维多利亚时代的文化实际上导致了现代人的不负责任和逃避心理，他们无法直面惨淡的现实，只能沉迷于家族荣耀的过去，最终只能以自杀来解决内心的矛盾。

不过，简而言之，这本书已经体现出福克纳在很多方面取得了重大的进步。作为一个现代主义者，首先，他开始发现了自己所处地区的特殊艺术价值并学会加以提炼使用。其次，他学会使用弗洛伊德的精神分析法来塑造和处理他小说中的角色，并通过这些形形色色的人物来诊断南方文化的通病：对过去贵族神话的过度依赖，对维多利亚时代文化的过分沉迷，对本性的压抑，对女性纯洁观的过度强化以及思想过于闭塞，等等。最重要的是，他开始认真思考关于南方历史和文化的内涵，并致力于创作他所熟悉的、植根于他内心并对他真正重要的主题。福克纳本人也非常看重这本小说，他曾对基恩·斯泰因说："打从《萨托里斯》开始，我发现我家乡那块邮票般大小的土地值得好好写一写，而且即使我写一辈子也写不尽那里的人和事，而且，通过把真实的升华成经文，我可以有完全的自由用我可能有的才能到达它绝对的顶峰。它打开了他人的金矿，于是我创造了自己的天地。我可以像上帝那样把这些人不仅在空间而且在时间方面到处移动。"①

---

① 转引自陶洁：《福克纳研究》，上海外语教育出版社 2013 年版，第 72 页。

1927 年 10 月对自己的作品寄予厚望的福克纳遭到了始料不及的打击——出版社拒绝出版他倾注了很多心血并对之充满信心的《坟墓里的旗帜》。几经周折，这本书在经过大幅修改和删减后于 1929 年 1 月得以出版，小说最终改名为《萨托里斯》。在献词中，福克纳将这本书献给了舍伍德·安德森。之后的一两年里是福克纳最为痛苦的时期，没有稳定的工作及收入，他只能住在父母的家里，而《蚁群》极差的销量和《坟墓里的旗帜》的出版受挫使得他一度想放弃写作，并差点儿卖掉打字机来度日。最终，他对写作的热爱还是促使他坚持下去，并决定不再看出版社或读者的反应，而只为了自己的快乐而写作。他沉湎于他新掌握的技艺之中，根据自己的审美标准，探讨自我、艺术以及他所生活的那个地区的历史问题。正如他后来在《喧哗与骚动》的简介中所说的：

When I began it I had no plan at all. I wasn't even writing a book. I was thinking of books, publication, only in the reverse, in saying to myself, I wont have to worry about publishers liking or not liking this at all. Four years before I had written Soldiers' Pay. It didn't take long to write and it got published quickly and made me about five hundred dollars. I said, Writing novels is easy. You don't make much doing it, but it is easy. I wrote Mosquitoes. It wasn't quite so easy to write and it didn't get published quite as quickly and it made me about four hundred dollars. I said, Apparently there is more to writing novels, being a novelist, than I thought. I wrote Sartoris. It took much longer, and the publisher refused it at once. But I continued to shop it about for three years with a stubborn and fading hope, perhaps to justify the time which I had spent writing it. This hope died slowly, though it didn't hurt at all. One day I seemed to shut a door between me and all publishers' addresses and book lists. I said to myself, Now I can write. Now I can make myself a vase like that which the old Roman kept at his bedside and wore the rim slowly away with kissing it. So I, who had never had a sister and was fated to lose my daughter in infancy, set out to make myself a beautiful and tragic little girl. [1]

在此之后，他写出了一个名为《暮色》（*Twilight*）的故事。这个故事的特别之处在于他让康普生家的第四个孩子来讲述故事，这个孩子的智力只有三岁孩子的水平。这种实验性的激进的写作方式为他提供了一种全新的视角来思考故事的主题，并成为他之后写作一直采用的具有解放性的写作方式。虽然以《暮色》作为小说的书名也非常具有特殊的象征意味，很准确地反映了康普生家族颓败的处境，揭示了南方日渐败落的主题，但是福克纳最终还是将书名改为《喧哗与骚动》。这个改动不仅使读者感受到此书与文学传统的联系，[2] 而且进一步深化了主题，反映了美国南方旧秩序的瓦解、传统价值观（主要是维多利亚时代的价值体系）的沦丧以及南方贵族家庭逐渐走向衰败并无力挽回颓势的悲惨结局。书中的"结构成为自我分析和自我建构的实验，而文学这个媒介则成为福克纳的一种工具，他用之来控制那些彼此冲突

---

[1] William Faulkner. "Introduction" to The Sound and the Fury. In Andre Bleikasten, ed., William Faulkner's The Sound and the Fury: A Critical Casebook. New York: Garland, 1982. pp. 9 – 10.

[2] 与文学传统的联系主要是指该书书名的源头是莎士比亚戏剧《麦克白》中的台词。

并在他内心折腾的观念和体验，进而，文学也促使福克纳最终拼合与解决了自我认同这个难题。"①

## 第三节　约克纳帕塔法县世系小说

自《萨托里斯》发表以后，福克纳逐渐意识到自己创作的背景应集中在约克纳帕塔法县，并且在主题上形成世系小说的前后衔接，这样才能确保作品的一致性以及艺术表现的深度。《喧哗与骚动》是福克纳创作的第四部小说，是他写作生涯中尤为重要的一部作品，也是给他带来巨大声誉的作品，也是他第一部真正伟大的作品，正如他对沃森所说的，"这是我写得最了不起的一本"。② 后来在给他姑婆的信中也提及了这本刚刚完成的作品，并声称这是他"读过的最最好的一本书。我相信十年之内没有出版社肯出的"。③小说并没有像他所预料的那样，1929 年 2 月，他与凯普和史密斯出版社签订合同出版这本书。这部小说是上一部小说《萨托里斯》故事的延续，背景还是约克那帕塔法县的杰弗生镇，主要讲述了以康普生家族为代表的南方贵族家庭分崩离析的故事，探讨了旧南方文化的衰落以及南方男权主义社会对女性的压抑和迫害。

---

① ［美］丹尼尔·J. 辛格：《威廉·福克纳：成为一个现代主义者》，王东兴译，黑龙江教育出版社 2015 年版，第 189 页。

② Ben Wasson, Count no'Count, Jackson: University Press of Mississippi, 1983, p. 90.

③ William Faulkner. Selected Letters of William Faulkner. Edited by Joseph L. Blotner. New York, 1997. p. 41.

这部小说之后，福克纳进入了自己创作的全盛时期，先后出版了多部长篇及短篇小说，包括 1930 年 10 月的《我弥留之际》；1931 年 2 月的《圣殿》，同年 9 月出版了第一部短篇小说集《这 13 篇》；1932 年 10 月的《八月之光》；1935 年的《标塔》；1936 年 10 月的《押沙龙，押沙龙!》；1937 年 9 月的《野棕榈》；1938 年 2 月的《没有被征服的》；1940 年 4 月的《村子》；1942 年 5 月的《去吧，摩西及其他》。之后的几年他在好莱坞为电影公司写剧本用以养家度日，这一段时间是他非常痛苦的时期，也是他作品锐减的时期，表明了他的创作力有所下降，甚至呈现衰竭的趋势，因此作品的深度及感染力也远不及之前的作品。即便如此，福克纳仍然是非常高产的作家，晚年时期仍有不少作品出版问世，包括 1948 年 9 月的《坟墓的闯入者》；1951 年 10 月的《修女安魂曲》；1954 年 8 月的《寓言》；1957 年 5 月的《小镇》；1959 年 11 月的《大宅》；1962 年 6 月的《掠夺者》。鉴于本书篇幅有限，福克纳的很多作品没法在接下来的论述中进行讨论，只能选取他最重要、最有特色的两部作品进行分析。

# 第二章　关于福克纳的评价和研究

福克纳被称为现代主义经典作家，是当代西方最有影响力的现代派作家之一。因其在小说写作技巧、叙事形式等方面的大胆创新和尝试而被誉为可与乔伊斯比肩的伟大的小说技巧实验家，有些评论家更是把他与莎士比亚相提并论。但是文学界对福克纳的评价并非一直如此积极，也是经历了贬低、不屑之后才逐渐认可的过程。

福克纳少年时期就开始从事诗歌创作，而且他一直以来都致力于成为一名诗人，正如他自己在接受采访时对记者所说的："我是一个失败的诗人。也许每个小说家都先想写诗歌，发现他写不了，才试图写短篇小说，那是除诗歌以外最费力、要求最高的形式。只有写短篇小说也失败了，他才肯创作长篇小说。"① 虽然有些自嘲和言过其实的意味，但也说

---

① James B. Meriwether and Michael Millgate, eds., Lion in the Garden: Interviews with William Faulkner 1926 – 1962. New York: Random House, 1968, p. 238.

明他自己的诗歌确实没有受到读者的青睐，使之名传青史，倒是他认为低于诗歌的长篇小说给他带来了经久不衰的举世盛名。

但是，他的小说创作之路远非平坦，相反，那是一条非常曲折漫长的笔耕之路，而他本人也曾因出版社的屡屡拒稿而险些放弃写作。他的第一部长篇小说作品《士兵的报酬》出版后，虽然受到了评论界的一些赞誉，但更多的是批评之声，尤其是在其家乡奥克斯福小镇，人们对这位出版了一本小说的作家并没有给予欢迎，相反，他们对福克纳的评价是写了一本污秽之书的堕落之人，神都无法拯救的人，甚至连福克纳的父亲也拒绝阅读他的小说。之后先后创作的《蚁群》和《萨托里斯》都是几经周折，甚至大幅修改才得以出版。之后福克纳决定不再为读者和出版商写作，而为了自己的愉悦写作。《喧哗与骚动》就是此时被拒后，彻底放弃希望而写就的。这部小说为他赢得了众多的赞誉，尤其是来自大洋彼岸欧洲国家的读者和评论家。法国是最早将福克纳引入的国家，早在 20 世纪 30 年代，当福克纳在美国本土还不为读者关注，甚至是还不为人所知时，其作品就在法国赢得了法国读者的喜爱，并且得到法国学术界和思想界的好评。他们翻译了大量他的作品，很多年轻文艺青年对福克纳及其作品倍加推崇，正如萨特指出的，"对于法国的年轻人来说，福克纳就是上帝"。① 法国还成立了研究福克纳的学会，举办关于福克纳研究的研讨会，还有大量出版福克纳研究的杂志。

---

① ［美］杰伊·帕里尼著：《福克纳传》，吴海云译，中信出版社 2007 年版，第 224 页。

除此之外，20 世纪 50 年代，福克纳去日本讲学，掀起了日本文学界引介与研究福克纳的高潮，翻译了他的大批作品，其热烈程度不亚于法国。

1939 年，萨特发表了《〈喧哗与骚动〉：福克纳小说中的时间》这篇具有重要意义的论文，引发了美国本土对福克纳的关注。同年，福克纳被选入全国艺术和文学学会，这表明他的创作开始在美国国内受到重视。到了 40 年代，美国评论界对福克纳作品的研究逐年递增，但一般的读者还是不能接受他那艰涩难懂的写作风格，甚至遭到诟病，只有少数评论家对他推崇备至。真正使美国读者开始接受并给予他应得的赞誉的转机还是马尔科姆·考利带来的。1944 年，考利建议维京出版社为福克纳出版一本《福克纳袖珍文集》（*Faulkner Portable*）。1946 年，这本袖珍文集得以出版。考利在书的序言里用简洁明了的语言将福克纳的作品及其蕴含的意义介绍给读者，并且将所选入的作品按照故事发生的先后年代顺序厘清、编排，这样福克纳原来混乱的故事就统一成了一个有同样主题和思想的有机整体。如此一来，读者对福克纳及其作品就有了全新的认识和理解，意识到福克纳长期以来被埋没的才华和成就。《福克纳袖珍文集》出版后大获好评。不少评论家开始发文称颂福克纳的作品，比如罗伯特·潘·沃伦就公开称赞考利此次对福克纳的引介对于福克纳研究的重大作用，并指出福克纳虚拟创作的约克纳帕塔法世系故事虽以南方地区为背景，但又超越了其他地区作家的狭隘性而具有了无限推广的普遍意义。因此，福克纳无疑是可以和其他任何伟大文学家比肩的具有划时代意义的现代主义大师。另外，南方女作家卡洛琳·高登在文章中也对福克纳进行了高度颂扬，称他为"当代作家中独自一人……有伟大小说家的鲜明特点,即塑造不同类型的人物"。[①]

这些赞扬和认可福克纳成就的评论极大地提升了他的声望并给他带来无数荣誉,而且对他后来获得诺贝尔文学奖也是功不可没的。但是,对于他在一些公开场合或私下书信里所谈及的观点,尤其是关于种族和女性的观点,遭到了大家的普遍误解,甚至一度认为他是一个不折不扣的种族主义分子和男权主义者,也有人根据他作品里对南方的批判和审视,认为他是贬低和仇恨南方的。这些误解终于在他的诺贝尔颁奖演讲中得以澄清,大家才开始发现福克纳真正要表达的思想,也开始了解他所说的要坚持写"人类的内心冲突问题",以及他为何要颂扬人类所具有的美好品质,如"勇气、荣誉、希望、自豪、同情、怜悯之心和牺牲精神"。美国及世界文学界对他的评价越来越高,认为他是继乔伊斯之后最杰出的现代派小说家之一。

得到了巨大荣誉的福克纳及其作品也在 20 世纪 50 年代开始受到举世关注,对他的研究在全世界范围内广泛展开,而且有愈演愈烈之势。自从他获得诺贝尔文学奖以来,美国本土也开始了一场福克纳研究热潮:关于他的研究论文不胜枚举,"福克纳与约克纳帕塔法年会"自 20 世纪 70 年代始,至今已四十多年,参会者来自世界各地。其著作,《喧哗与骚动》《八月之光》《押沙龙,押沙龙!》等长篇小说,以及《献给爱米丽小姐的玫瑰》《干旱的九月》《夕阳》等经典短

---

① Joseph L. Blotner. Faulkner: a Biography. New York: Random House, 1974. Volume one, p. 475.

篇小说已经成为美国初高级院校的必选书目。其早期不甚知名或者没有出版，甚至没有完成的作品也被出版社挖掘而重新出版发行，以期对福克纳进行更全面、更综合的探讨。

在学术领域，从事福克纳研究的专家、学者发表了大量的论文，远远超过对同时期其他作家的研究成果，更有不少非英语国家的硕士、博士论文研究也都与福克纳有关。很多研究人员运用不同的理论对他进行解读，但是无法穷尽其作品的内涵。福克纳谜一般的存在使得学者们可以从各个角度来阐释他的作品，比如从女性主义、反种族主义、后现代主义、结构主义、解构主义、新历史主义、马克思主义、宗教神学、生态环境主义等方面来阐释其作品中出现的政治、经济、阶级、种族及性别等描述。也有人另辟蹊径，从他作品的语言特点和写作手法、艺术表现手段等方面来解读他的作品，包括叙事学、意识流、神话原型理论等。还有人将其作品与《圣经》关联，探索其文中所运用的各种象征和意象，来进一步诠释文中暗含的深意。

纵观对福克纳及其作品的研究，可以发现这些研究呈现出阶段性的特点。在 20 世纪五六十年代，也就是诺贝尔获奖设立之后，学界对福克纳的研究愈加严肃、深入，一些研究专著陆续出版。比较重要的有：1951 年欧文·豪（Irving Howe）的《威廉·福克纳：一部批评性的研究》；1959 年奥尔加·维克利（Olga W. Vickery）的《福克纳的小说》；1963 年柯林斯·布鲁克斯（Cleanth Brooks）的《威廉·福克纳：约克纳帕塔法世界》，米歇尔·米尔盖特（Michael Millgate）的《威廉·福克纳的成就》等。总体而言，这个阶段的福克纳研究主要涉及了福克纳小说的主题、人物塑造、表现形式以及对南方的历史、文化、价值体系等方面，主要以新批评理论和神话原型理论为研究方法。这种以文本批评为主的研究方法多注重纯文本的功能而忽视或排斥历史的和政治的视角。而到了 70 年代，福克纳研究开始朝着新历史主义及意识形态方面迈进。这个时期的福克纳研究者们不再只专注于其作品中的文本形式或修辞手法方面的解读，还对作品中所展现的政治、经济、历史、社会以及人类学方面的内容进行关注。种族主义批评就始于这个时期。此外，有些研究者还开始运用叙事学理论分析解读福克纳的作品，侧重探讨文本所体现的历史、文化和社会意义。八九十年代的福克纳研究比较多元化，首先，叙事学解读仍在继续；同时，运用结构主义、后结构主义、解构主义以及神话原型理论来研究福克纳文本成为这个阶段的特点。另外，由于福克纳作品中有弗洛伊德精神分析的痕迹，因此有研究者开始运用弗洛伊德、拉康及荣格的精神分析理论对福克纳及其作品进行探讨。针对福克纳作品中涉及的主题，不少学者开始运用女性主义批评理论、现代主义与后现代主义理论以及新文化批评研究来进行解读，而利用新马克思主义来阐释作品的运动也是方兴未艾。小说中运用的意识流、圣经意象和象征、多声部叙事等写作手法也成为这个时期关注的热点。进入 21 世纪，在之前研究方法和研究成果的基础上，学界继续对福克纳的作品进行深度剖析，使用的理论主要是后现代主义和后结构主义，并加强意识形态视角的研究，还有些研究者进行跨学科的解读，比如生态学、生态神学等学科。

对于福克纳的研究，我国早在 20 世纪 30 年代就有赵家璧、凌昌言等的译介和评论，但之后就长期处于无人问津的状态，直到 70 年代末期才兴起了新一轮的研究热潮。国内学者如李文俊等人，开始翻译出版福克纳的作品及相关研究成果，并有系统地深入研究福克纳的作品及其创作的背景。起初阶段，学者研究的重点是福克纳与美国南方历史及文化的关系，福克纳作品中人物塑造特点和创作技巧，以及福克纳作品中反映出的宗教意义、运用的神话原型理论以及其中蕴含的哲学思考等。90 年代开始，很多国外新的文艺批评理论被引入到福克纳作品研究中来，比如结构主义，解构主义、女权主义、种族主义、语义学、符号学等理论，研究的视角也突破了传统的意识流等写作技巧的评论范畴，开始从精神分析、原型理论、叙事学、美国黑人批评、女性主义、生态主义、后殖民主义、语言学、比较文学等角度进行阐释和解读。

当然，由于福克纳本人的矛盾性和不可穷尽性，以及其作品的独特性和普适性，很难在一部书或论文中将其一一涵盖，因此，本书不揣冒昧，努力从多个角度来阐释福克纳的《喧哗与骚动》和《押沙龙，押沙龙!》两部有代表性的作品。

# 第三章　福克纳作品分析

　　福克纳是一位高产的作家，共写作了十九部长篇小说和一百多篇短篇小说，其中大部分作品是以虚构的美国南方密西西比州一个叫约克纳帕塔法县的地方为故事背景。在这套世系小说里，主要讲述了以康普生、萨托里斯、德·斯班等为代表的南方老派贵族家庭的衰落和与之相对的以斯诺普斯为代表的现代新兴资产阶级家族的崛起。小说中还深刻触及了一些政治、社会敏感问题，如白人对黑人、印第安人所施行的种族压迫、歧视等种种政策；女性在男权制社会的失语地位。他塑造了形形色色的人物，据统计有名有姓的有六百多个，而形象鲜明的有一百人以上。作品中涉及的角色囊括了南方常见的各个种族、各个阶层和各行各业的人物。其中有一些已经成为美国文学中的经典人物，如软弱、敏感、拒绝成长，最终因家族颓败而以自杀的方式来解脱的南方贵族后裔昆丁·康普生；充满爱心、热情勇敢、渴望幸福但不堪南方对女性的禁锢而滑向堕落深渊的凯蒂·康普生；冷漠无情、尖酸狡猾，只会抱怨的杰生·康普生；自私自利、无情无感、只爱金钱的贫穷白人弗莱姆·斯诺普斯；不知道自己的种族和身份，因而只能游离于两个社会边缘却无法融入其中的局外人乔·克里斯莫斯；野心勃勃，赤手空拳打下天下，却因其极端的种族主义思想而最终落得自毁家园的托马斯·萨德本；还有以爱心独立支撑一个分崩离析的家庭的黑人妇女迪尔西；热爱自然荒野，为祖先之过赎罪而最终归于荒野森林的艾萨克·麦卡斯林等。虽然福克纳在自己的作品里塑造了大量形形色色、性格各异的人物，并深刻挖掘他们的内心世界，但正如他在诺贝尔文学奖获奖感言中所提及的，自己写作的目的是探索"人类的内心冲突"和颂扬人类"心灵深处的真情实感、爱情、荣誉、同情、自豪怜悯之心和牺牲精神"。这个宗旨可以从他作品题材的多元性上可以看出，其主题囊括了南方种植园主家族的衰败以及现代资本主义家族的兴起，种族问题，爱情和战争，少年长成记以及凶杀、强奸、欺诈等，无所不包。福克纳的小说在讲述南方故事的同时，也探讨了其中所蕴含的社会、历史以及道德寓意，使其具有更广泛的主题意义和普适性。福克纳塑造的众多人物及其相关故事既反映了美国南方社会两百多年来贵族神话的消亡、资产阶级的发迹，但他并没有止步于此，他以其对南方细致敏锐的观察，以其传神的表现手法再现了处于现代社会中的人们的种种矛盾心态和"荒原"意识：颓废和希望，堕落和奋斗等，同时也表明了现代社会思想道德和历史发展的总趋势。在他的小说中，我们会看到多视角叙事、意识流、时序交错、对位式结构等艺术手法的运用，还有象征、隐喻、宗教典故、神话模式等的表现手法，加之其晦涩难懂的语言形式，突出地反映出传统价值体系的崩溃、道德观念的败坏以及现代社会人们的异化感和孤独感。

## 第一节 《喧哗与骚动》解读

1946 年，马尔科姆·考利在其负责编辑的《福克纳袖珍文集》序言里曾明确指出，福克纳以其作品中建立了一个"神话王国"，创造了一个不朽的"寓言和传奇"。这个神话王国寓言和传奇故事的核心是讲述已经分崩离析的旧南方社会的衰败以及新兴资产阶级的崛起。早期的殖民者从印第安人手中靠欺骗的手段掠夺了他们的土地，建立了自己的统治秩序、道德法规以及南方种植园经济体系，从而成为南方最早的种植园主。但他们建立残酷的奴隶制度为自己谋利，犯下罪孽而受到神的"诅咒"，而这些罪孽累积的仇恨导致他们在南北战争中的失败。战后，有些庄园主试图恢复家业兴旺的企图多以失败而告终，而他们的后裔又大多软弱无能，没有勇气和力量与不遵守旧道德规范的现代资产阶级进行斗争，因而充满失落感和挫败感。同时，以斯诺普斯为代表的新生资产阶级完全臣服于以北方为代表的无情的机械文明，从而进一步败坏了南方。这样，战后南方的种族问题、经济落后问题非但没有得到解决，反而变得更加尖锐。从某种程度上说，南方的旧秩序虽然土崩瓦解了，但取而代之的现代南方仍然是个混乱与腐朽并存的社会。

### 一、作品人物简介

《喧哗与骚动》（*The Sound and the Fury*，1929）是威

廉·福克纳的第一部成熟的作品，也是福克纳心血花得最多、他自己最喜爱的一部作品。书名源自莎士比亚悲剧《麦克白》第五幕第五场麦克白的著名台词："人生如痴人说梦，充满着喧哗与骚动，却没有任何意义。"（原文为："It is a tale told by an idiot, full of sound and fury, signifying nothing."①）福克纳常常把家庭作为社会和地区的缩影，他以家乡那块"邮票般大小的地方"为原型，创作自己的"约克纳帕塔法县"的世系小说，而其中的第一部作品《萨托里斯》（又称《坟墓里的旗帜》）描写的就是以萨托里斯和班鲍家族为首的南方老派贵族的败落，以此来反映旧南方的崩溃。但他此方面最成功的小说是《喧哗与骚动》和《我弥留之际》。

《喧哗与骚动》这部小说的故事情节并不复杂，发生在杰弗生镇上的康普生家。这是一个曾经显赫一时的名门望族，具有贵族血统，祖上出过一位州长、三位将军。家中原来拥有大片的种植园地，蓄养成群的黑奴，但如今已经失去了昔日的光辉，只剩下一幢破败的宅子，黑人用人也只剩下女仆迪尔西和她的小外孙勒斯特了。家族名下仅剩的土地为送大儿子昆丁上哈佛大学和给女儿凯蒂办婚事而变卖精光。一家之长康普生先生是 1912 年病逝的。他在世时算是一个律师，但从未见他办理过任何业务。他遁世无能，整天以酒为伴，喝得醉醺醺，发些愤世嫉俗的空论，没有任何重振家族的雄心壮志，反而把悲观失望的情绪传染给大儿子昆丁。对妻子，

---

① sound and fury 直译意思是"声音与狂怒"。《喧哗与骚动》沿用了朱生豪、袁可嘉先生的译法。杨周翰先生则主张用直译。书名与莎士比亚原文不同之处是在 sound 与 fury 之前加上定冠词"the"。

他似乎并没有爱情，有的只是南方旧道德规范里赋予的责任。为了满足她要大儿子昆丁上哈佛大学的虚荣心，他只能卖掉仅剩不多的田产，结果筹来的钱只够交一年的学费。对四个儿女，他有一定的爱心而且十分喜爱女儿凯蒂，但跟他们缺乏深入的交流，并不真正理解他们的内心。他非但没有把家族的贵族气质传承给他的孩子们，教给的都是些消极的悲观颓废的斯多葛主义哲学。

康普生太太卡罗琳·康普生（Caroline Compson），念念不忘自己出身名门望族，是南方大家闺秀，以致自己仅仅成了一种"身份"的化身。然而实际上，她出身中下阶级，因此长期生活在康普生先生所代表的种植园家族的阴影之下，只能以维护维多利亚时代的道德观来作为获取别人尊重的方式。她把压抑人性的道德观在自己家庭内部贯彻执行，家中没有一个人能从她那里得到爱与温暖。她本人自私冷漠，无病呻吟，完全没有作为妻子与母亲应有的温情，康普生家完全变成了一所监狱。为了不玷污娘家的名望，当她发现小儿子班吉是白痴后立即为他改名，不让他用她弟弟的名字。她对儿女毫无感情，只喜欢二儿子杰生，认为他才真正像她娘家人。女儿凯蒂聪慧可爱，勇敢善良，充满爱心。但在她第一次外出跟男朋友玩时，康普生太太就特意穿上黑色衣服，表示女儿已经死去。当她发现凯蒂有了身孕，便匆匆忙忙地把她嫁出去了事。凯蒂婚后事情败露，被逐出夫家。她从此不准女儿回家，也不准家里人提起她的名字，迫使凯蒂的女儿小昆丁从小失去母亲，缺乏家庭的关爱。每当家里出现变故，她就称病不起，以逃脱责任。大儿子昆丁在自杀前痛苦的呼喊"如果我能说母亲啊，母亲"① 充分说明了康普生太太的冷漠无情给家人带来的伤害。

昆丁·康普生是福克纳具有自传色彩的人物，同福克纳一样，他也是家里的长子，作为没落的庄园主阶级的最后一代的代表者，他始终都被一种莫名的失落感缠绕。他性情敏感，精神上、肉体上却又极其孱弱，无力改变或适应现实。他虽深受父亲的消极厌世情绪的影响，但其实还是吸收了其母亲维多利亚时代的道德体系。维多利亚时代的道德二元论将人性一分为二，一侧是文明，是美德、荣誉等纯粹的精神层面；另一侧则是动物性，充斥着腐败、堕落的自然界。这种道德二元论使得昆丁沉迷于将自己的家庭置于正确的一侧，并确保他们远离兽性的一侧。因此，他格外注重外在形式和礼仪，极其重视妹妹凯蒂的贞操，并把它与家族的荣誉和家族的道德纯洁性联系在一起。当他得知凯蒂失贞之后，他本想与妹妹"一起进地狱"，幻想出乱伦来逃避妹妹失贞的事实。但他缺乏行动的勇气和果敢，最终只得采取被动的自杀方式来逃避现实，以避免自己看到事态朝着他不喜欢的方向发展。表面上他是为妹妹的堕落而死，实际上是为了家族无可挽回的衰败、毫无出路的未来而亡。此外，就昆丁而言，时间是他的敌人，因为作为一个接受维多利亚时代道德观的人，他认为时间是一种必须加以理性控制的自然的力量，但他又无法摆脱时间对他的掌控和约束。他渴望能与时间的移动同步，但又害怕时间的变动，试图使时间停止不前。他的

---

① ［美］威廉·福克纳：《喧哗与骚动》，李文俊译，漓江出版社2015 年版，第176 页。

这种时间观使得他对"未来"一无所知，也看不到；"现在"对他而言则是模糊不清，一片混沌；只有"过去"才是真实清晰的，因此，他对自己家族过去的辉煌有着强烈的自豪感，常常沉醉于过去而不能自拔。通过昆丁这个人物，福克纳表明了自己对南方贵族神话和维多利亚时代的遗传两种强大的文化势力的批判，说明 19 世纪的这两股文化遗产对包括他在内的这一代南方年轻人来说，已经毫无出路，只是一套僵化的陈规陋习，并将他们束缚在过去，与外面世界隔离开来，压抑人性的发展。其实，归根结底，康普生一家的种种不幸以及南方的衰败都源于种植园主祖先造孽的恶果。蓄奴制虽然使黑奴遭受巨大的痛苦，实际上，它也给奴隶主阶级及其后裔埋下了无法解决的罪恶之源。

凯蒂可以说是全书的中心，虽然没有以她的观点为中心的单独的一章，但书中四个讲述人以及书中其他人物的所作所为都与她息息相关。"作为福克纳心中的'最爱'，凯蒂虽然配不上南方加冕于女性的任何一顶桂冠，却被福克纳赋予了自然女神的气质。她身上时常散发出的'树一样的香气'，让人联想到古罗马神话中的森林女神狄安娜——一位自然界动植物生命的守护者和繁育之神"。[①]同时，她又是"像狄安娜一样好斗、骄傲的女孩"的代表。她不肯服从母亲的教导，拒绝成为她母亲所代表的女性典范，不遵循老套的礼仪和行为规范，不愿成为南方淑女，这其实是她拒绝压抑人性的维多利亚时代的道德约束的表现。福克纳把他喜爱的凯蒂类比

---

① 董丽娟：《狂欢化视域中的威廉·福克纳小说》，南开大学出版社 2004 年版，第 107 页。

为伊甸园的夏娃，甚至把她和撒旦进行对比来彰显她的叛逆，以此来说明她与南方理想化的淑女是截然不同的形象。不过，凯蒂虽然坚定拒绝了维多利亚时代的道德体系，但是并没有找到能够取代这个道德体系的新的认同，因此，她在认同混乱之中从反叛走向了堕落。用一位外国批评家的话来说，是"太多的责任导致了不负责任"。① 凯蒂从"南方淑女"的规约下冲出来，勇敢追求爱情，但遇人不淑而走向了堕落。她与男子幽会，有了身孕，不得不与另一男子结婚。婚后丈夫发现隐情，抛弃了她。她只得把私生女（小昆丁）寄养在母亲家，自己到大城市去闯荡，最终沦落为德国纳粹军官的情妇。凯蒂悲剧性的下场是南方颓败、堕落的一个展现。也有不少的评论家在论及《喧哗与骚动》时，把凯蒂视为生殖女神，她象征着南方的土地，拥有能够养育整个社会的力量，但在这部小说中，这种滋养的源泉业已耗尽枯竭。这说明她不仅不能够帮助自己家族，或者广而推之——南方，恢复活力，甚至连自己也陷入了一种活死人的状态。南方女性（尤其是白人女性）的精神品质已经无法承载滋养南方的传统使命，因此，南方（包括物质和精神上）只能处于永久的荒芜之中，"南方社会在方向上始终求助的种植园阶级当时已陷入死胡同，而且这个阶级可能永远不会把自身从文化困境中解救出来。这就是康普生家孩子们的故事所体现的终极意义"。②

　　杰生·康普生是凯蒂的大弟。表面看来，他和昆丁是截

---

① Ann Massa. American Literature in Context，IV，1900 – 1930，London：Routledge Kegan & Paul，1982. p. 192.

② ［美］丹尼尔·J. 辛格：《威廉·福克纳：成为一个现代主义者》，王东兴译，黑龙江教育出版社 2015 年版，第 214 页。

然相反的两类人：前者热爱金钱、权势，是一个不折不扣的实利主义者；而后者敏感、优柔寡断，充满理想主义。但是实际上，他们有很多相似的地方。"这两人都是在对身为现代世界中康普生家的一员所经受的不幸做出反应——昆丁墨守着他所继承的身份，杰生则激烈地拒绝之。"① 他们都是南方维多利亚时代老派文化影响下的受害者，是被南方传统毁掉的一代。他反叛传统的方式虽然与昆丁不同，"但在每一种情形中，反叛都付出了可怕的代价，他们在心灵上遭受了伤害，他们被剥夺了他们进入未来所必需的文化连续性这根主线"，以至于到了小说的结尾，"他们每个人都成了一种活死人，都失去了创生力的所有希望。……和昆丁一样，都失去了切实可行的身份认同，又都被强迫性的举止所彻底压制"。② 虽然他声称并不在于自己家族过去的地位和辉煌的历史，但是家族的衰落还是让他非常痛苦的，因为地位的丧失使得他失去了对自己生活的掌控力。尤其由于他既没有财力，又缺乏能力，只能在杂货铺里做一个小伙计。杰生是一个完全的自我主义者，仇恨与绝望使他成为一个没有理性、极其偏执的复仇狂与虐待狂。他对凯蒂的仇恨是因为他认为凯蒂的失贞行为使他失去了在银行就职的机会。他不仅恨凯蒂，也连带着恨她的私生女小昆丁。对于家里的顶梁柱黑人女佣迪尔西，他也是充满嫉恨。他没有感情，到处钻营，却最终总是遭受折磨，因此总做出一副受害者的样子。可以说，杰生是福克

---

① ［美］丹尼尔·J.辛格：《威廉·福克纳：成为一个现代主义者》，王东兴译，黑龙江教育出版社2015年版，第219页。

② ［美］丹尼尔·J.辛格：《威廉·福克纳：成为一个现代主义者》，王东兴译，黑龙江教育出版社2015年版，第213页。

纳笔下最鲜明、突出的形象之一。作为恶人的典型，福克纳对其鲜明饱满的刻画，类似于莎士比亚笔下经典式恶人的形象。然而，令人玩味的是，对杰生本质的揭露，却是通过他自己的独白与辩解来完成的。这也正是福克纳叙述手法及艺术表现了深厚的明证。福克纳说过，"对我来说，杰生纯粹是恶的代表。依我看，从我的想象里产生出来的形象里，他是最邪恶的一个"。福克纳在十五年后为考利编辑的《福克纳袖珍文集》写的《附录》里说他"是康普生家第一个心智健全的人"，① 这其中不无讽刺。其实，如同他的兄弟一样，作为"一个没有孩子的光棍，杰生同样代表着一种历史的死局"。"杰生的可悲的叙事成了一个警世故事，提醒当代读者，康普生家族的衰落过程令人心酸，解决它所象征的南方认同危机，不存在任何捷径。"②

班吉是凯蒂的小弟弟，是个先天性白痴。正如辛格所指出的，"福克纳身为现代主义作家的那个自我牢牢掌控着《喧哗与骚动》最无争议的标志，就是班吉·康普生这个人物。班吉一次又一次地承担起体现维多利亚时代价值体系的责任——他是一个道德上真正纯洁的人，一个到当时为止康普生家族中最高贵的人，也是唯一一个有着真正宗教情感的人，但他也是一个淌口水的白痴"。③班吉这个人物的塑造是

---

① 〔美〕威廉·福克纳：《喧哗与骚动》，李文俊译，漓江出版社2015年版，第330页。

② 〔美〕丹尼尔·J. 辛格：《威廉·福克纳：成为一个现代主义者》，王东兴译，黑龙江教育出版社2015年版，第226页。

③ 〔美〕丹尼尔·J. 辛格：《威廉·福克纳：成为一个现代主义者》，王东兴译，黑龙江教育出版社2015年版，第226页。

福克纳现代主义作家自相矛盾的信念的一个反映，不像其他康普生孩子所代表的南方的堕落和衰败，他是现代主义者的判断标准。1928 年，他三十三岁，但是智力水平只相当于一个三岁的小孩儿。由于他思维方式的特殊性，他摒弃了理性思维的局限和狭隘，直接以感觉作为评判事物的标准，因此反而更接近事物的真相，这也就是为什么福克纳特意将他的部分置于开首，又以他结尾的缘由。没有经过大脑理性的加工，班吉依靠自己的嗅觉就能够闻出死亡的来临和凯蒂的失贞，正如有评论家所指出的，嗅觉实际上是"与知识洞察联系最少的一种感觉"，其实也是最主观、最接近真理的手段。"与昆丁相比，诸如康普生家族的荣誉和社会地位此类的东西对班吉没有任何意义，它们都是抽象事物，远远超出了他的理解范畴。但每当他感觉到衰败、破碎和丧失的时候，他能够并且确实能够表现出恐惧。"[1] 通过他的意识流，他的感觉，我们能体会到：他失去了姐姐的关怀，非常悲哀。事实上福克纳还是通过这个杂乱的故事有意识地传达了他想告诉读者的一系列信息：家庭颓败的气氛、人物、环境……按照批评家克林斯·布鲁克斯的说法，这一章是"一种赋格曲式的排列与组合，由所见所闻所嗅到的与行动组成，它们有许多本身没有意义，但是拼在一起就成了某种十字花刺绣般的图形"。班吉的这种通过感觉来精确描述事件的能力，恰恰是因为他可以不受自我干预或偏见支配。他的嗅觉就相当于正常人的道德感，这些能力都使得他完全脱离了性别和种族的

---

① ［美］丹尼尔·J. 辛格：《威廉·福克纳：成为一个现代主义者》，王东兴译，黑龙江教育出版社 2015 年版，第 229 页。

狭隘偏见来做出准确的判断。小说结尾处班吉痛苦的吼叫也是他感觉到南方堕落到如此程度的一个反应，而他的叫声也唤起了读者对南方衰败的思考。

小昆丁是凯蒂寄养在母亲家的私生女。她的母亲凯蒂给她起了死去的舅舅的名字，目的是试图保持家族的血脉继续传承下去，但小昆丁却没有被给予任何身份。她不知道自己的父母，因为在没有爱的环境中长大而变得性格扭曲，对任何人都没有感情，只有怨恨。从某种程度上说，没有身份的人就不能成为一个完整意义上的人。她没有母亲的爱心，对白痴舅舅班吉十分嫌恶，对保护她的迪尔西和照顾班吉的黑孩子勒斯特常常恶语相向，对欺凌她的舅舅杰生更是只有仇恨和叛逆，并且一心要寻求报复。她寻求爱情，一心要摆脱这个没有温暖的家。康普生太太的冷漠与杰生的残酷（虐待狂者的残酷）使小昆丁在这个家里再也待不下去。1928 年复活节这一天，小昆丁偷偷取走了杰生的不义之财，与一个马戏团的流浪艺人私奔了。这激起了杰生的"狂怒"（书名中的"骚动"原意即为"狂怒"）。杰生驱车追寻小昆丁，想追回他偷来的那笔钱（实际上是凯蒂给女儿小昆丁的抚养费），但差一点儿送了命。小昆丁虽然报复了舅舅，但可惜跟母亲一样遇人不淑。小说结尾黑孩子勒斯特描述了小昆丁经常从窗口的梨树上爬下的场景，似乎与其母亲凯蒂小时候爬上树试图窥探室内的场景形成了呼应。但是，在十五年后的《附录》里，福克纳特意将梨树改成了落水管子，目的是批判工业文明，也说明了小昆丁跟她母亲不一样，已经受到新南方机械文明的影响，性格变得扭曲，没有了其母的纯真和善良。

在小说中，敢于与杰生针锋相对，并且努力撑起康普生一家的是福克纳极为敬重的黑人女佣迪尔西。在她身上，我们可以看到福克纳所倡导的积极的心态。福克纳说过："迪尔西是我自己最喜爱的人物之一，因为她勇敢、大胆、豪爽、温存、诚实。她比我自己勇敢得多，也豪爽得多。"同情心是她身上最为闪耀的亮点。她不畏强势，勇敢地保护弱者。她敢于突破世俗的观念，打破黑人和白人之间的桎梏和藩篱，把班吉带到黑人教堂听布道。在颓废、败落、如坟墓般冷冰冰的康普生大宅里，只有她的厨房充满光亮和温暖，这也是人性的光芒和温暖；在整个即将崩溃的南方社会里，只有以她为代表的底层人民才是人类得以生存的一根稳固的柱石。她的忠诚、毅力与仁爱同前面三个叙述者病态的形象形成了鲜明的对照。通过塑造迪尔西这个鲜活的人物，福克纳颂扬了普通人，而非南方贵族，身上所蕴含的美好精神和无限希望，同时也表明了福克纳对"人性的复活"理想所寄予的厚望。小说最后一部分叙事的背景发生在复活节这个特殊的宗教节日，如此安排，福克纳是有意为之而绝非偶然。基督耶稣的复活与人性的复活之间的宗教联系与宗教内涵应该是福克纳希望读者在阅读此部分时能够体会到的。

## 二、作品分析

在《喧哗与骚动》这部小说中，我们可以领略到福克纳对自己身处的南方社会与南方历史的高度理解和概括能力。尽管表面看来，他的作品似乎有些晦涩难懂，而且让一个白痴、一个虚无主义者以及一个妄想症患者分别讲述故事，确实会造成理解的断层，不知其所云，但是实际上这种碎片般的讲述反而更加清晰地说明了一个老派贵族家庭的分崩离析和衰败颓废，同时也真实地呈现了美国南方历史性蜕变的一个侧面。由此可见，南北战争之后，经济基础已经彻底衰落的南方的确是不可挽回地土崩瓦解了，而其政治、文化、历史等上层建筑也摇摇欲坠，走向颓势。对于这本小说的创作起源，福克纳曾不止一次地给我们描述了一个吸引人的画面——一个小女孩儿爬上树窥探屋内死亡的场景，而她的几个兄弟则在树下仰望着她，看到她玩耍时弄脏的内裤。在接受基恩·斯泰因的采访时，福克纳指出：

> 开始，只是我脑海里的一个画面。当时我并不懂得这个画面是很有些象征意味的。画面上是梨树枝叶中一个小姑娘的裤子，屁股上尽是泥，小姑娘是爬在树上，在从窗子里偷看她奶奶的葬礼，把看到的情形讲给树下的几个弟弟听。我先交代明白他们是些什么人，在那里做些什么事，小姑娘的裤子又是怎么会粘上泥的，等到把这些交代清楚，我一看，一个短篇可绝对容不下这么多内容，要写非写成一部书不可。后来我又意识到弄脏的裤子倒很有象征意味，于是便把那个人物形象改成一个没爹没妈的小姑娘，因为家里从来没有人疼爱她、体贴她、同情她，她就攀着落水管往下爬，逃出了她唯一的栖身之所。（It began with a mental picture. I didn't realize at the time it was symbolical. The picture was of the muddy seat of a little girl's drawers in a pear tree where she could see through a window where her grandmother's funeral was taking place and report what was happening

to her brothers on the ground below. By the time I explained who they were and what they were doing and how her pants got muddy, I realized it would be impossible to get all of it into a short story and that it would have to be a book. And then I realized the symbolism of the soiled pants, and that image was replaced by the one of the fatherless and motherless girl climbing down the drainpipe to escape from the only home she had, where she had never been offered love or affection or understanding.）

　　我先从一个白痴孩子的角度来讲这个故事，因为我觉得这个故事由一个只知其然而不能知其所以然的人说出来，可以更加动人。可是写完以后，我觉得我还是没有把故事讲清楚。我于是又写了一遍，从另一个兄弟的角度来讲，讲的还是同一个故事。还是不能满意。我就再写第三遍，从第三个兄弟的角度来写。还是不理想。我就把这三部分串在一起，还有什么欠缺之处就索性用我自己的口吻来加以补充。然而总还觉得不够完美。一直到书出版了十五年以后，我还把这个故事最后写了一遍，作为附录附在另一本书的后边，这样才算了却一件心事，不再搁在心上。我对这本书最有感情。总是撇不开、忘不了，尽管用足了功夫写，总是写不好。我真想重新再来一遍，不过恐怕也还是写不好。（I had already begun to tell it through the eyes of the idiot child since I felt that it would be more effective as told by someone capable only of knowing what happened, but

not why. I saw that I had not told the story that time. I
tried to tell it again, the same story through the eyes of
another brother. That was still not it. I told it for the third
time through the eyes of the third brother. That was still
not it. I tried to gather the pieces together and fill in the
gaps by making myself the spokesman. It was still not
complete, not until 15 years after the book was published
when I wrote as an appendix to another book the final ef-
fort to get the story told and off my mind, so that I my-
self could have some peace from it. It's the book I feel
tenderest towards. I couldn't leave it alone, and I never
could tell it right, though I tried hard and would like to
try again, though I'd probably fail again. ①)

由此可见，凯蒂才是故事的中心人物。但是，她的不出
场而由三个兄弟分别讲述她的故事的做法既与众不同又增加
了作品的深度。出身南方贵族家族的凯蒂是南方人心目中南
方淑女的代表，因而她的堕落就意味着南方道德体系的崩溃。
班吉虽已成年，却没有正常人思维的能力，而昆丁虽思维活
跃，但偏偏缺乏果敢的行动能力。杰生表面上看是个实利主
义者，爱财如命，但他却明显缺乏理财的才干，无法与新兴
资产阶级进行竞争。他虽说不在乎家族过去的荣耀，并抛弃
了旧的价值标准，但又无法融入新的价值体系之中。他们的

① James B. Meriwether and Michael Millgate, eds. , Lion in the Gar-
den：Interviews with William Faulkner 1926 – 1962. New York：Ran-
dom House, 1968, p. 245.

尴尬境遇代表着南方人所面临的艰难窘境，因此我们可以得出如下结论：《喧哗与骚动》不仅描述了以康普生家族为代表的南方贵族家庭，也就是种植园经济制度解体的图景，而且也批判了唯利是图的新兴资产阶级的道德体系和价值标准。

（一）从叙事学角度解读

1. 叙述视角

叙述视角是小说叙事的关键概念，但此概念自产生以来，历经几十年仍然没有一个明确的统一的定义。不同的研究者根据自己的研究重点分别赋予视角不同的含义，本书只选取几个比较有代表性的观念进行理论的阐释，其中法国叙事学专家热奈特和我国叙事学专家申丹的定义在学界接受度和阐释度较广，本书即综合了他们两位的观点并以此作为理论框架来阐释福克纳小说中有关叙事方面的内容。

热奈特认为很多理论没有区分"谁看和谁说"，[①] 对此他提出了"叙述投影"这个概念。在其影响深远的叙事学专著《叙事话语》中，他指出，"视角"（perspective）这个概念过于专业，而"人称视点"（point - of - view）又过于狭窄，因此他采用了具有抽象意义的"聚焦"（focalization）这个术语来表示叙述视角的概念。热奈特把叙事聚焦的模式分为三类：第一类为无聚焦或零聚焦叙事，也就是全知全能的叙述视角。在此种叙述中，叙述者比包括小说中的人物在内的任何人知道得都多，而且，无论叙述者的声音是否出现，他都像全知全能的上帝一样"无所不知"。叙述者甚至可以随意站出来

---

① ［法］热拉尔·热奈特：《叙事话语——新叙事话语》，王文融译，中国社会科学出版社 1990 年版，第 126 页。

发表关于道德礼仪、人生哲理、风俗人情等方面的主观评价。第二类为内聚焦（internal focalization）叙事，即"有限叙事"，也就是说叙述者只知道小说中某个人物知道的情况。内聚焦叙事又细分为三种形式：固定式内聚焦（fixed focalization）、不定式内聚焦（variable focalization）以及多重式内聚焦（multiple focalization）。固定式内聚焦是指叙述者在整个叙事过程中固定地只以主人公或小说中一个人物的眼光或聚焦来叙述。不定式内聚焦是指叙述者的视点聚焦在不同人物中频繁转换，读者通过不同焦点人物的眼光来观察、感觉和思考。正如申丹指出的，此种类型的典型特征就是通过"采用聚焦人物的眼光来观察其他人物"。[①] 多重式内聚焦指的是多个不同的人物以各自不同的眼光来讲述同一事件不同人物的声音同时出现，此起彼伏。第三类为外聚焦叙事（external focalization），也就是叙述者比人物知道得少，也称为"电影式"或"戏剧式"叙述。在此种叙事中，读者像看戏剧或看电影一样随着叙述者的视角来获知人物的言行，但是却无法获知人物内在的情感和心理感受。叙述者"像摄像机一样丝毫不加选择地任意录下一个生活片段"，[②] 完全没有顾及人物主观的思想活动变化。当然，聚焦模式的分类并不意味着一部作品只能采取某一种特定的聚焦方式，热奈特本人也特别指出，"聚焦方法并不总运用于整部作品，而是运用于一个可

---

① 申丹：《叙述学与小说文体学研究》，北京大学出版社 1998 年版，第 219 页。

② 申丹：《叙述学与小说文体学研究》，北京大学出版社 1998 年版，第 221 页。

能非常短的特定的叙述段"。① 因此，在同一部作品中，在不同的叙述段落中可能会运用到不同的聚焦方式，也就是所谓的"视角转换"。

申丹在综合分析了各家的叙事视角理论的基础上，首先同意了热奈特关于"谁说和谁看"的观点，即视角与声音分离的观点；但是，她同时提出叙述人物和聚焦人物及叙述声音和叙述眼光有时会出现分离的情况。叙述声音指的是叙述者的声音，而叙述眼光既可以是叙述者的眼光也可以是人物的眼光。对此，申丹又对叙述视角或聚焦模式进行了分类：第一类为零视角模式，即传统的全知叙述模式。在此模式之下，叙述者无所不知、无所不在，但他并非故事中的人物，而是在故事之外对人物进行观察、思考。全知叙述者在观察位置上既可以以外视角进行观察，也可以转为内视角进行观察，因此，他具有透视人物内心活动的特殊功能。全知叙述模式最重要的特征就是权威性的中介眼光，他可以将观察到的事物有选择地叙述给读者。第二类为内视角模式。同热奈特一样，申丹也将此模式分为三种形式。第三类为第一人称外视角模式，即固定式内视角涉及的两种第一人称叙述——第一人称回顾性叙述和第一人称见证人叙述。此类叙述的叙述人眼光包括第一人称回顾性叙述中叙述者"我"追忆往事的眼光和第一人称见证人叙述中观察位置处于故事边缘的"我"的眼光。第四类为第三人称外视角模式，也就是热奈特的外聚焦叙事模式。值得关注的是，申丹的"第一人称外

① ［法］热拉尔·热奈特：《叙事话语——新叙事话语》，王文融译，中国社会科学出版社 1990 年版，第 131 页。

视角"是处于"内视角"和"第三人称外视角"之间的一种中间类型。将其和"第三人称外视角"进行区分，有效地弥补了热奈特叙述视角分类的漏洞，同时也避免了之前理论中关于第一人称叙事中叙述视角分类的局限性。

2. 多视角叙事模式

《喧哗与骚动》这部小说的故事情节并不复杂，但福克纳却实验性地使用了错综复杂的叙述手法，比如多视角叙事、超越时空的叙事、意识流、独白等现代派手法。叙述视角是叙事理论非常关键的一个因素，作者采用不同的叙述视角模式就会产生不同的叙事文本形态。叙述视角对叙事本身有着非同小可的影响，不同的叙述角度为读者提供了不同的观察故事中人物和事件的可能。可以说，叙述人物越多，叙述视角转换越频繁，文本的形式和意义就越丰富，作品就越有深度。多角度的叙事（或多视角叙事）方法在这部小说中非常明显，这种叙事方法完全异于传统小说家一般使用的"全能角度"（或全知叙述模式）亦即叙事者采用无所不在、无所不知的全能"上帝"的视角来观察人与事物，并将观察到的内容有选择地叙述给读者。有评论家认为"全能角度"的叙事者的一个本质特征是权威性，但这种权威性会损害作品本身的逼真性，难以使读者信服。因此，可以采用书中主人公之外的一个人物的视角来观察，通过他（或她）的话或思想来叙述。福克纳又进了一步，分别从几个人甚至十几个人的角度来叙述（如在《我弥留之际》中，福克纳使用了十五个叙事者来讲述故事），让每一个人讲他这方面的故事。一般而言，这样做要比作者自己的叙述或全能叙述显得更加真实可信。但是不得不提的是，在采用多角度叙述的同时，福克纳还继续使用传统的表现手法，将实验性的现代叙事手法与传统相结合，创作出别具一格的叙事艺术，从而赋予自己作品丰富的意义和普适性的色彩。

小说《喧哗与骚动》从四个不同叙述者的视角分别讲述了同一个故事，关于康普生家族及其后代的故事。小说由四个相对独立的叙述部分组成，由前三个部分的人物叙述过渡到第四部分的外部叙述，由主观到客观、由无序到有序，最终为我们呈现了一个完整的故事。在讲述这个故事时，前三个部分都是用第一人称的叙述方式，让凯蒂的三个兄弟——班吉、昆丁与杰生，从各自的视角讲一遍自己的故事，其实就是他们与凯蒂的关系的故事，第四部分采用第三人称的叙述方式，以全知全能的视角再次讲述之前三个部分涉及的事件，并对其中混乱的部分进行客观的澄清和更正，但这次是以迪尔西为主线。作者通过四位讲述者的叙述为读者展示了康普生家族1898年至1928年三十年间的兴衰历史。小说出版十五年后，福克纳为考利编的《袖珍本福克纳文集》写了一个附录，把康普生家的故事又做了一些补充。因此，福克纳常常对人说，他把这个故事写了五遍。当然，这五个部分并不是重复、雷同的，即使有重叠之处，也是有意为之。这五个部分互相配合、互相补充，形成了整部小说之间、人物之间的对话关系。

小说中四节的叙述并不是按照时间先后的直线顺序进行。为了揭示康普生家庭三个孩子混乱的内心世界，福克纳大量运用了时空跳跃的方式来展现人物的意识流动，并故意打乱了叙述的时间顺序。班吉叙述的第一部分时间为1928年4月7日。此部分主要叙述了白痴班吉关于康普生家的几乎所有重大事件的零碎回忆，包括祖母的去世、班吉的改名、凯蒂的失贞和婚礼，以及康普生先生的死亡、昆丁的自杀和小昆丁的出走等。第二部分由昆丁叙述，但时间回到 1910 年 6 月 2 日。主要讲述了昆丁自杀前所发生的一系列事件及其纷乱的记忆。在此部分中，昆丁的记忆主要以凯蒂为中心而展开，并对之前班吉叙述的记忆碎片进行了补充。福克纳在前两部分中，主要采取了意识流的叙述方式，说明了这两位讲述者记忆混乱、思绪失控的状态。以杰生为主要叙述者的第三部分的叙述时间是 1928 年 4 月 6 日，是班吉叙述部分的前一天。在此部分，杰生主要讲述了康普生家当天发生的事情和对过去发生的一些事情的回忆，里面充满了自我辩解表白的意味。小说最后一部分的叙述时间是 1928 年 4 月 8 日。此部分用第三人称从外部叙述者的视角、采用全知全能的叙述方式，以黑人女佣迪尔西为主线比较客观地讲述了康普生家族目前所处的状况：小昆丁的出走、杰生的狂怒与追寻以及象征着洗涤罪与净化的黑人教堂里的宗教活动。然而，这表面看起来仿佛错乱的时空其实内在线索很清晰，而且各部分之间衔接颇为紧密。美国诗人兼小说家康拉德·艾肯对《喧哗与骚动》赞叹道："这本小说有坚实的四个乐章的交响乐结构，也许要算福克纳全部作品中制作得最精美的一本，是一本詹姆士喜欢称为'创作艺术'的毋庸置疑的杰作。错综复杂的结构衔接得天衣无缝，这是小说家奉为圭臬的小说——它本身就是一部完整的创作技巧的教科书……"① 虽然福克

---

① 李文俊主编：《福克纳评论集》，中国社会科学出版社 1980 年版，第 78 页。转引自 [美] 威廉·福克纳：《喧哗与骚动》，李文俊译，漓江出版社 2015 年版，译本序第 7 页。

纳在这四部分的叙述中分别以康普生三兄弟和迪尔西为焦点人物，但福克纳通过多视角来讲述故事的方式从不同的侧面刻画了凯蒂这一中心人物。在福克纳看来，凯蒂是他无法得到的夭折的女儿，是他所塑造的一个美丽动人的形象，不忍心将其作为叙述者来利用。对此，美国学者戴维·明特指出，《喧哗与骚动》"不仅是揭露的艺术也是隐藏的艺术，是延宕、回避和取消的艺术，特别在涉及凯蒂之处。在予以她表现机会的同时也予以她庇荫，甚至私密性"。①

　　正如他之前反复提及的，他创作《喧哗与骚动》的动机是他浮想出的一个画面：一个小女孩儿爬上树向窗户里探望，树下站着她的三个兄弟的情景。对此，福克纳说："我运用似乎适合我的方式试图讲述一个故事，努力塑造凯蒂的形象。她是美的，是我的心爱。这就是我这本书要表达的。"② 但他又不止一次地承认《喧哗与骚动》是他"最勇敢的失败"。故事的起源就是那个勇敢的小女孩儿凯蒂，她在河边玩水时弄脏了内裤，这在福克纳看来，是一个"非常动人的意象"。③ 在接下来康普生三兄弟的叙述中，凯蒂那条弄脏了的内裤的寓意越发突出，并逐渐与其他象征堕落的意象融合在一起，最终预示了凯蒂的悲惨结局。在以班吉为叙述视角的部分，凯蒂的形象一直不甚清晰，处于班吉朦胧的记忆碎片

---

① ［美］戴维·明特：《骚动的一生——福克纳传》，顾连理译，知识出版社 1994 年版，第 118 页。

② Gwyin, Frederick L., Blotner, Joseph. Faulkner in the University. The University of Virginia Press, 1959. p. 6.

③ Gwyin, Frederick L., Blotner, Joseph. Faulkner in the University. The University of Virginia Press, 1959. p. 31.

之中，并最终消失不见。我们无法直接听到凯蒂的声音，只能透过班吉的叙述声音来寻找倾听她的声音，随后这个声音又寂静下来，处于失声状态。但这种无声的状态一直渗透在班吉绝望空洞的号叫中、昆丁被痛苦折磨的意识中、杰生的仇视的敌意和女儿小昆丁的不幸处境中，使读者在这些相互交织的声音中搜寻并仔细分辨出凯蒂的声音。"在福克纳的语言层次中处于沉默之下的叙述声音构建了一个由意象和声音组成的结构。这些意象和声音在沉默之中、话语之外使感觉趋于完整。"① 不让小说的中心人物成为叙述焦点来直接讲述自己的故事，使之处于失语状态，并让小说中人物的话语与声音相分割，福克纳的这种实验性的叙事策略使得他的创作意图得以实现，即透过其他讲述者的话语"讲述了一个关于凯蒂的故事"。② 康普生三兄弟的叙事焦点都是围绕着凯蒂展开，对于每个人而言，她意味着不同的含义。对班吉来说，她充满着树的芬芳，代表爱与温暖；对昆丁而言，她代表着康普生家族的荣誉，是整个美国南方辉煌历史的象征；而对于杰生而言，她是堕落的代名词，也是他获得金钱的手段。可以说，其他人物有声的话语对无声的凯蒂的塑造，对整部小说的叙事策略、叙事结构，以及对整个作品的主题和意义具有非凡的作用。

班吉叙述部分位于小说的开始，起着举足轻重的作用。福克纳认为班吉出现在小说一开始，并由他首先讲述了整个

① Jelliffe, Robert. Obscurity's Myriad Components. Associated University Press, 2001. p. 87.
② Gwyin, Frederick L., Blotner, Joseph. Faulkner in the University. The University of Virginia Press, 1959. p. 17.

故事，这种安排是经过深思熟虑的，因为"那个白痴小孩所见到的一切奠定了整个故事的基础"。[①] 他那零星、孤立、碎片式的叙述看似无序、具有欺骗性，但实际上是作者故意设置的具有启示性作用的讲述。"在第一部分被编码、在随后几个部分得到补充说明的人物与行为的胚芽确定了故事的源头。更为重要的是，第一部分使一个无说话能力的白痴发出的难以置信的声音得到认可。这个声音不仅表现了包括他本人在内的所有人物的本质，也表现了康普生家几个孤儿般孩子的世界，以及不可避免的失落和衰败。"[②] 福克纳本人也曾指出，"班吉可能不具备故事讲述者应有的特征或声音，这是事实。但或许班吉应该有，这是真实"。[③] 因此，以班吉作为第一个讲述人是值得读者品味的安排。实际上，福克纳人物设计中最有特色、最具欺骗意义的就是班吉，"一个沉默的白痴发出了启示性的声音。班吉这个伪造的，但却是可靠的叙述者不带偏见地真实记录了他身边人物的声音与存在，并发现在虚假的话语和行为背后的真相。与他的对位模式相一致的是，福克纳将康普生家族不同历史时期的不同声音与班吉的声音缠绕在一起，这些声音不仅包括昆丁敏感的语调、杰生粗鲁的语调、迪尔西体贴的语调，也包括班吉身边其他人物各种不同的语调。凯蒂温柔的语调同样也交织在其中。这些

① Gwyin, Frederick L., Blotner, Joseph. Faulkner in the University. The University of Virginia Press, 1959. pp. 63 – 64.

② Fant, Joseph L., Ashley, Robert. Faulkner at West Point. New York: Random House, 1968, p. 116.

③ Fant, Joseph L., Ashley, Robert. Faulkner at West Point. New York: Random House, 1968, p. 116.

缠绕在一起的声调记录了这个成年智障者无声的内心世界。三十多年来，在这个不和谐的声音组合中，他一直倾听着那个永远消失的声音，那就是凯蒂的声音"。[1]

在小说中，白痴班吉的叙述总是给读者一个模糊不清的印象，而且由于班吉叙述部分的时间跨度比较大，而且事件发生的先后顺序也被故意打乱，讲述的事件在现在与过去之间反复跳跃。因此，读者在一开始难免陷入理解的困境，不知所云。此外，福克纳还故意使小说中不同人物的名字混淆来强化这种理解的距离感。比如班吉的哥哥叫昆丁，而姐姐凯蒂的私生女也被取名为昆丁。班吉有时就会因为名字的混淆而产生思维和记忆的混乱。再如，在高尔夫球场，班吉听到有人喊"caddie"（"球童"的意思），但是姐姐凯蒂的名字的发音也类似"球童"，所以他的意识就回转到了和姐姐凯蒂相关的事件中去。由于班吉的意识和思维方式跟读者的不同，因此会产生理解的距离感，但是这种距离感会使读者产生一种类似于第三人称叙述者的客观色彩。"他像一架隐蔽的摄像机一样记录着发生的一切，只有某些特定的感觉会干扰他的记录。"[2] 总之，班吉部分的叙述实际上与后面三个部分所讲述的内容有紧密的相关性，他的朦胧的、碎片式的记忆是其他三部分叙述的基础模型，后面三部分是班吉部分的补充说明。

在叙述视角设置上，班吉作为叙述者围绕着聚焦人物凯蒂展开叙述。福克纳让班吉以第一人称来讲述康普生家族发

---

① 葛纪红：《跨越时空的叙事》，江苏大学出版社 2015 年版，第 20 页。
② 葛纪红：《跨越时空的叙事》，江苏大学出版社 2015 年版，第 41 页。

生的故事，但是由于他的智力只相当于三岁孩子的水平，因此他以第一人称讲述故事的方式与传统的第一人称叙述有很大的不同。传统的第一人称叙述所固有的一些效果，如吸引读者的兴趣、引起读者的同情、移情等作用，在班吉的叙述中统统消失了。班吉在叙述中用自己的感觉、意识流来创建与故事中人物、主题的联系，看似无序，实则有序。这种置有序于无序的叙述方式让读者"忘记了在阅读过程中正常的同情和在虚构世界中的参与，以不同于班吉的步调前行。……阅读过程中不同于班吉的步调引导读者进入一种文学或诗意的结尾，而非精确表现意识的结尾"。[①] 福克纳以其诗意的叙述方式让一个白痴的无意义的号叫也因此而产生了意义，产生了美感，正如里德所指出的，"我们与其说班吉部分是作者运用班吉意识的一种现实主义表现，不如说是作者将对语言的有限操纵运用于一种诗意的目的"。[②]

在《喧哗与骚动》这部小说中，昆丁的叙述部分占据的篇幅最长，他以其特有的敏感和脆弱叙述了当前发生的事情，但是过去的历史和发生过的事件却控制着他的现在和未来。他的叙述在某种程度上为班吉叙述部分的混乱状况提供了简单的解释，并从另一个角度补充说明了班吉叙述部分所提及的人物和事件。但是同班吉一样，昆丁看待人物和事件的方式让人难以理解，他的内心世界也是混乱模糊的，而且其叙述部分充斥着大量的意识流的叙事手法。在他一段长达十四

① 葛纪红：《跨越时空的叙事》，江苏大学出版社 2015 年版，第 41 页。
② Reed, Joseph, Faulkner's Narrative. New Haven：Yale University Press，1973. 转引自葛纪红：《跨越时空的叙事》，江苏大学出版社 2015 年版，第 41 页。

页的无标点符号的意识流叙述中，我们可以发现无声的凯蒂一直"不断地闯入，甚至支配了昆丁的意识"，使其陷入"声音与话语之中无法自拔"，并倾向于使用虚妄的话语来湮没事实。① 可以说，拥有话语权的昆丁并没有发出自己的声音，反而是在男权主义当道的南方传统体制下，被剥夺了话语权的凯蒂借由昆丁的意识发出了自己的声音，发出了那个时代女人无法言表的压抑之情。

身为哈佛大学的学生，家族的继承者，昆丁聪明、敏感、软弱，由于受到父母消极情绪的影响，整日沉迷于家族的荣誉和美国南方维多利亚时代的繁文缛节之中。他尤其关注妹妹凯蒂的贞洁，这种南方的加尔文主义清教观、贞洁观是造成昆丁自我毁灭的主要原因，而凯蒂的失贞给了原已郁郁寡欢的昆丁彻底而致命的一击，使他终于走上了自杀的道路。表面上看，他是为了凯蒂的失贞而亡，实际上，在南方传统道德和价值观的影响下，在家族衰败颓废的境遇下，他已经无力承受未来的不确定性和挑战，只能以结束自己生命的方式拒绝未来，使自己存活于过去和历史之中。有研究人员统计，在昆丁的叙述部分，时空的跳跃（包括时间、场景和意识的转换）高达二百多次。他的意识不停地在过去和现在之间穿梭往来，并将自己散乱的思绪联系起来。与班吉的叙述相比，昆丁的叙述有时更加难以理解，因为他的思想和语言远比班吉的复杂，感知的内容也更繁复。

在昆丁的叙述部分，我们可以感受到他癫狂混乱，歇斯底里的情绪流动，以及对自己内心的探索。总体而言，他的

---

① 葛纪红：《跨越时空的叙事》，江苏大学出版社2015年版，第22页。

叙述和意识的流动都是围绕着妹妹凯蒂的失贞事件为中心展开的。他的这些失控状态除了妹妹失贞的因素之外，还与康普生太太的冷漠有关。自始至终，他及家里的其他孩子都无法感受到母爱，而母爱的缺失不可避免地引发了昆丁内心的痛苦。此外，自身身体及精神上的软弱，也是他走向毁灭的一个重要原因。他本来试图挽救凯蒂，不让她去和情人约会，从而避免失贞的事实，但是最终还是无力劝阻。当他去和令凯蒂失贞的对手对峙时，却因紧张而在对方面前昏倒出丑。男人尊严的丧失也令昆丁无所适从，最终只能以逃避来解脱目前的苦痛。

　　昆丁对于过去和家族历史的沉迷使其无力面对事实和现在，因此对时间有着本能的排斥和恐惧，尤其表现在他对钟表的敌对态度上。在他看来，钟表所代表的时间是无法征服的，具有毁灭一切的破坏力，更对时间的无情推进感到极度的恐慌。正如他在自己的叙述部分所说的，"因为父亲说过，钟表杀死时间。他说，只要那小齿轮在咔嗒咔嗒地转，时间便是死的；只有钟表停下来时，时间才会活过来"。① 甚至连为人类牺牲而被钉上十字架的耶稣基督，昆丁也有不同于常人的论述："基督不是在十字架上被钉死的，他是被那些小齿轮轻轻地咔嚓咔嚓声折磨死的。"② 这种异于正常人的观念，使他的叙述具有了梦呓般的非理性色彩，也为他后来陷入癫狂，以自杀了结做了铺垫。昆丁的悲剧结局源于他对过去的

① ［美］威廉·福克纳：《喧哗与骚动》，李文俊译，漓江出版社2015 年版，第 84－85 页。
② ［美］威廉·福克纳：《喧哗与骚动》，李文俊译，漓江出版社2015 年版，第 89 页。

过度沉湎，也在于他从其父所继承下来的传统（康普生先生给了他一块祖传的手表，这块手表就是历史和传统的象征）是走向灭亡，没有活力的传统。昆丁及其家族的人以及无力面对不断变化中的现实，更无力去改变历史和过去，因此也只能活在传统的阴影之中。正如肖明翰所指出的，"因为父亲将其传给他的时候，已破坏了它再生的一切可能性。这其实意味着把他禁锢在一个与现实隔离的过去之中。这就是昆丁的致命问题：他还生活在过去。实际上，整个康普生家庭都还生活在过去"。① 康普生家族的这种精神瘫痪状态实际上是对整个美国南方的投射，是其生活方式和文化传统土崩瓦解的明证。

为了与时间抗衡，昆丁试图破坏时间，砸坏代表时间的手表，希望能够阻止时间的无情前进，以及由此而带来的社会的变革。但是，这样的企图也失败了，因为"表还在嘀嗒嘀嗒走""那些小齿轮还在咔嗒咔嗒地转"。② 昆丁的受挫和失败代表着美国南方的无可挽回的衰败状态。这种极端的抑郁状态使得昆丁无力面对外界的事物，完全沉迷于自己的内心世界，而且陷入意识错乱的精神状态，发出了独特的、非理性的梦呓般的叙述。他的意识经常从一件事物联系到另一件事物，甚至是陷入现实与虚幻交织在一起无法区分的情况。

除此之外，影子也是昆丁的敌人，经常闪现在他的叙述中，是他非理性叙述的一个意象。如同他砸坏康普生先生传

① 肖明翰：《威廉·福克纳研究》，外语教学与研究出版社 1997 年版，第 256 页。

② ［美］威廉·福克纳：《喧哗与骚动》，李文俊译，漓江出版社 2015 年版，第 89 页。

给他的手表一样，他还经常踩踏自己的影子，以此来试图阻止时间的无情推进。他在讲述中说："我走在我的影子上，再次把它踩进斑斑驳驳的树影。路是弯弯曲曲的，从河边逐渐升高。它翻过小山，然后逶迤而下，把人的眼光和思想带进了一个宁静的绿色隧道，带到耸立在树顶上的方形钟楼与圆圆的钟面那儿去，不过那儿还远得很呢。"[①] 由此可见，昆丁的叙述充满了非理性的意味，缺乏逻辑性。但是，从更深的层次来考察他的叙述，我们发现他的叙述是以凯蒂的失贞为中心，从而带有严密的逻辑推理的性质。这种逻辑性和昆丁的价值取向、信念相结合，从而使他得出时间可以毁灭一切的结论。当他发现自己通过砸手表或踩踏影子也无法阻止时间的行进时，他彻底崩溃了，只能以自杀的方式让时间停留在他死去的那一刻，从而让时间在他的叙述中停止下来。福克纳运用非理性的梦呓叙述来表现昆丁特殊的意识流动，从而取得了一种独特的叙事艺术效果。

小说第三部分杰生的叙述同样以第一人称叙述者的眼光展开，与前两部分对过去和现在发生的事件交互穿越的混乱叙述相比，此部分的叙述相对比较清晰、连贯，叙述的内容也大多是现在发生的事件。读者只是听到了叙述者杰生的讲述，并没有参与到他的内心活动之中。比如杰生叙述部分是以如下声音开场的，"我总是说，天生是贱坏就永远都是贱坏"。[②] 在杰生单调的叙述中，我们可以听到他仇恨的声音，

① ［美］威廉·福克纳：《喧哗与骚动》，李文俊译，漓江出版社2015年版，第134页。

② ［美］威廉·福克纳：《喧哗与骚动》，李文俊译，漓江出版社2015年版，第197页。

以及他用声音作为无情抨击他人和社会的武器。此外，在讲述过去事件时，杰生经常用现在时态"I says"（我说）或"she says"（她说）等来叙述直接引语或间接引语内容，并用以强调读者要听他讲述。这样，杰生用话语把所有事件都集中汇聚于现在。与班吉和昆丁的叙述部分相比，杰生的叙述部分看起来思路清晰、客观，但是实际上他的叙述之中充满着主观的个人情绪。通过他的自我辩解的独白，以及对他人直接引语的引用和转述，我们可以透过他的话语和眼光看到其他人物，尤其是中心人物凯蒂的形象，也可以看出他的残忍、无情、卑鄙。比如，在凯蒂偷偷赶回家参加父亲的葬礼时，为了能看到女儿小昆丁，不得不和杰生周旋，他俩的对话可以看出两人的品性。

> "把钱给我！"我说。
>
> "事情办完了再给你。"她说。
>
> "你难道还信不过我吗？"我说。
>
> "信不过。"她说，"我了解你。我是跟你一块儿长大的。"①

凯蒂虽知道杰生会报复，会背信弃义，但出于对女儿的爱，她还是把钱先给了杰生。由此，一个对女儿舐犊情深的母亲形象跃然纸上。之后，在凯蒂追着载着杰生和小昆丁的马车跑的时候，杰生在此部分的叙述中使用了混合的时态，

---

① ［美］威廉·福克纳：《喧哗与骚动》，李文俊译，漓江出版社2015年版，第222页。

过去和现在的混合，使得他的叙述充满了对凯蒂的仇恨和愤怒：

> 我心里说："我看这下子你可知道我的厉害了。我想你现在总知道不能弄丢了我的差事就此完事了吧。"① （I says, I reckon that'll show you. I reckon you'll know now that you cant beat out of a job and get away with it.）
>
> 我心里说："我琢磨往后你想砸掉眼看到我嘴边的饭碗可得先好好考虑考虑了。"② （I says, I reckon you'll think twice before you deprive me of a job that was promised me.）

通过他自以为正义的辩白中，我们可以看到杰生因自己满心希望被打破而产生的怨恨和扭曲的心理，也从他的话语中看出了他的无情与残忍。福克纳采取在人物叙述话语中暗藏对话的方式，对杰生的为人进行了深刻的揭露，也对他进行了讽刺和嘲弄，讽刺了他对凯蒂的明显歪曲，因而形成了小说的逻辑和理性与杰生的主观叙述既联系又对立的效果。

作为一个极端利己主义者，杰生在叙述时通常使用现在时，表明他不像昆丁那样沉迷于过去，也不像班吉那样处于自己孤立的世界中。他试图将自己从家庭的局限和历史中脱

---

① ［美］威廉·福克纳：《喧哗与骚动》，李文俊译，漓江出版社2015年版，第223页。
② ［美］威廉·福克纳：《喧哗与骚动》，李文俊译，漓江出版社2015年版，第224页。

离出来，成为芸芸众生中的一员。读者在班吉和昆丁的叙述部分并不能确切清楚地了解康普生家族所发生的真实情况，但是"杰生则像一个导游，带着读者走进疯人院一样的康普生家，让他们看到康普生家的真实情况。杰生的叙述让我们看到他的卑鄙残忍"。① 在杰生叙述部分，我们发现他对所有人都是无情无义，充满怨恨的。小时候，他偷偷告发自己的兄弟和姐姐在水里玩耍而致使他们遭到大人的责骂；他还故意破坏班吉心爱的布娃娃，惹得他大哭大号。长大后，因为未能如期得到在银行工作的职位，他一直对凯蒂怀恨在心，并因此而痛恨凯蒂的女儿小昆丁，还抓住机会对她俩进行报复，让母女无法见面。他欺骗、提防别人，包括家人、情人和同事、老板：他骗康普生太太烧掉假的支票，好独吞凯蒂寄来的给小昆丁的抚养费；他骗老板，自己在工作时间外出办私事。对家里的黑人仆人，他更是整日歧视、怒骂，认为除了自己都是吃闲饭的。即使对其他白人，他也是认定他们不配跟康普生家族的人结交。对待迪尔西的外孙勒斯特，他也是无所不用其极地表现出其冷酷残忍的一面：他明明知道勒斯特非常渴望去看一场晚间的表演会，但在炫耀之后，故意把入场会的门票当着他的面烧掉。书中最具温情的两个人物，凯蒂和迪尔西，也对他进行了一针见血的评价，说他没有心肝，他的血"从来都是冷冰冰的"。②

为了更好地刻画杰生阴险狡诈、无情无义的形象，作者特意在第四部分让一个外部叙述者从外部视角来讲述杰

---

① 葛纪红：《跨越时空的叙述》，江苏大学出版社 2015 年版，第 42 页。

② ［美］威廉·福克纳：《喧哗与骚动》，李文俊译，漓江出版社 2015 年版，第 227 页。

生的故事，关于他的过去、现在，所作所为，以及他所遭到的惩罚。这个外部叙述者不仅让读者看清了杰生真正的品性，也表现出他缺乏敬畏之心的状态，比如对众人的敌对，对世俗存在的藐视，以及对包括上帝在内的神圣力量的不信任：

> 在他看来，每一个教堂都是一个岗亭，里面都站有命运的"后卫"，他们都扭过头来偷偷地瞅他一眼。"你们也全都是浑蛋，"他说，"看他们能阻拦得了我！"他想起自己如何带了一队士兵拖着上了手铐的警长往前走，他还要把全能的上帝也从他的宝座上拉下来，如果有必要的话；他还想起天上的天兵天将和地狱里的鬼兵鬼卒都对他严阵以待，他又怎样从他们当中杀出一条血路，终于抓住了逃窜在外的外甥女。①

在这段叙述中，外部叙述者采用夸张的语调来描述杰生在追赶小昆丁的过程中暴怒以至扭曲的精神状态。对于他的抱怨和言谈，外部叙述者也进行了嘲讽，并对他的道德品质进行了评价。正如作者在之后所指出的："他一头扎进去的原来是一场灾祸。""他那无形的生命有如一只破袜子那样，线头正在一点点松开来。"②

---

① ［美］威廉·福克纳：《喧哗与骚动》，李文俊译，漓江出版社2015年版，第325页。
② ［美］威廉·福克纳：《喧哗与骚动》，李文俊译，漓江出版社2015年版，第328，332页。

### 3. 叙事结构中的外部叙述者

在全知叙述模式中，叙述者既可以叙述人物的外部言行，也可以通过其独特的观察视角透过人物的言行举止来透视人物的内心活动。申丹曾对全知叙述者作了如下定义，他/她"不是故事中的人物，无论他/她叙述的是人物的内心活动还是外部言行，他/她的观察位置一般均处于故事之外"。① 一般而言，全知叙述者没有固定的观察角度，在热奈特的叙述分类中属于"无聚焦或零聚焦叙事"。在这种叙述模式下，叙述者如同上帝一般全知全能，可以从任何角度、任何时空进行叙事，而且他/她还能够透视人物的内心活动。全知叙述者以其权威的眼光将其观察到的事物、人物言行有选择地叙述给读者，但也会因此而造成作品的失真。为了解决此弊端，申丹提出，有些作家会采取转换人物视角的方式，让不知情的旁观者以有限的视角来短暂地替换全知叙述者权威的视角，从而使读者能够从故事外的角度进行观察、了解故事的进展和人物的情况。这样的视角转换通常会给读者带来短暂的悬念，从而增加了作品的戏剧性。此外，为了增强叙事的逼真度和感染力，叙述者也会放弃自己全知的眼光而采用故事中焦点人物的眼光进行叙事，这样叙述者的声音和叙述者的眼光就分离开来，分别由故事外的叙述者和故事内的焦点人物各自承担，从而更好地推导故事的发展，产生叙事的悬念。在福克纳的小说叙事中，其叙述者又有些独特的作用，因此有研究者采用了"外部叙述者"这个概念来替代传统的全知

---

① 申丹：《叙述学与小说文体学研究》，北京大学出版社 1998 年版，第 225 页。

全能的叙述者或第三人称人物有限视角叙述者这两个术语。外部叙述者的叙述包括外部叙述（external narrative）、内部叙述（internal narrative）和内部转换性叙述（internal translated narrative）三种。

《喧哗与骚动》的最后一部分，福克纳采用了外部叙述方式，即由一个客观的外部叙述者讲述故事的方式。这个客观的外部叙述者把康普生家发生的事件按照时间的顺序，采用过去时态的形式完整地进行讲述。外部叙述者是以黑人女佣迪尔西为焦点人物的视角进行叙述，把之前三个叙述者讲述的关于康普生家族的故事再次讲述了一遍，对其中混乱的部分进行更正，并对三位叙述者进行了不同程度的评价，还对迪尔西进行了形象的重塑。此部分对班吉的哀号赋予了诗意的意义，并超越任何人物的叙述语言的力量，正如书中所写的："这时候班吉又哀号起来了，绝望地拖气拖声地哀号着。它什么也不是，仅仅是一种声音。这哀伤的不平之鸣很可能亘古以来就存在于空间，仅仅由于行星的会合而在一刹那间形之于声。""他还是在慢慢腾腾地、可怜巴巴地干号着；那真是世界上所有无言的痛苦中最最严肃的、最最绝望的声音了。"① 同样地，此部分的叙述以嘲讽的语调模仿了杰生狂怒的叙述风格，表明了他的性格特征。同时，又对迪尔西卑微的地位进行了人格上的升华，使之具有尊严感。此外，叙述视角也从前三部分的内心独白转变为直接的叙述，主要以迪尔西的视角来叙述康普生家族所发生的一切事件，这样

① ［美］威廉·福克纳：《喧哗与骚动》，李文俊译，漓江出版社2015年版，第305、355页。

— 81 —

一来，福克纳给了读者更多的自主权利，既可以从故事的内部视角来理解，也可以从故事的外部视角来观察。

在小说第四部分，第三人称外部叙述者以康普生家的早餐开始了其叙事，其中详尽的描述使读者对康普生家庭的日常生活、起居以及人物言行有了身临其境的感受。又由于叙述者思路清晰、准确，因此读者可以透过前三个叙述者主观、不清楚的叙述更明晰地了解故事中每个人物及事件发生的时间、地点及前因后果等。虽然此部分在开始讲述时，昆丁已经自杀，凯蒂已经远走，杰生也失去了之前设计好的美好前景，但康普生家的生活还是在继续。虽然福克纳借迪尔西之口说出"我看见了始，也看见了终"，① 但实际上，小说中人物的生活并没有真正随着故事的结束而终止，还在继续之中。外部叙述者故意以每天例行的早餐作为叙述的开始，目的是将读者带入康普生家沉闷无序的日常生活中，这样读者在阅读时就不由得放慢速度，进入到故事中去，得以更好、更全面地理解小说的内涵。福克纳采用这种叙述手法正体现了其高超的写作技巧以及对生活的准确把握，而这正是高尚艺术的精华之所在。"小说的叙事结构所唤起的是一种全新的读者反应。通过（班吉）诗意的力量、（昆丁）传统的参与及具有反讽意味的实用性的客观，我们在前三个部分获得多种不同的阅读体验。在小说的最后部分，外部叙述者让我们体验了现实中行将衰败的康普生家庭的世俗生活，并最终使故事成为一个整体。"②

---

① ［美］威廉·福克纳：《喧哗与骚动》，李文俊译，漓江出版社 2015 年版，第 316 页

② 葛纪红：《跨越时空的叙事》，江苏大学出版社 2015 年版，第 44 页。

（二）从神话圆形角度解读

在西方文学史上，"两希文化"（希腊罗马文化和希伯来文化）对整个西方文学发展有着不可估量的重大作用，被称为西方文明史的两大源头，并在很大程度上塑造了西方文化的面貌。希伯来基督文化的典籍《圣经》，因其反映了人的精神性、道德性或神性特征，因此对西方文化和西方文学家有着根深蒂固的影响。正如艾略特指出的："一个欧洲人可以不相信基督教信念的真实性，然而他的言谈举止却都逃不出基督文化的传统，并且必须依赖于那种文化才有意义。只有基督文化，才能造就伏尔泰和尼采。"① 我国作家老舍把基督文化称为"灵的文学"，并强调，"从中世纪一直到今日，西洋文学却离不开灵的生活，这灵的文学就成了欧洲文艺强有力的传统"。② 从这个意义上说，为了更好地理解西方作家及其作品，对西方文学及作家的研究也应该关注《圣经》及其作品中具有的丰富的宗教性的内涵。

可以说，《圣经》除了在其宗教内涵上对很多西方作家有重大影响之外，其本身就是一部经典的文学作品，对后世的文学创作有着不可替代的示范作用，对众多西方作家的写作手法、艺术想象都有着潜移默化的影响。从这个角度来说，甚至连《荷马史诗》也无法与之匹敌。作为西方文学的原型作品之一，《圣经》中运用的意象体系、人物形象及其塑造方法、典故及传说等在后来的文学和艺术作品中被反复借用，

① ［美］T. S. 艾略特：《基督教与文化》，杨民生、陈常锦译，四川人民出版社1989年版，第205页。
② 老舍：《老舍文集》（第15卷），人民文学出版社1995年版，第444页。

并成为西方作家和艺术家进行文学、艺术创作的灵感源泉。很多西方作家和艺术家在讲述故事、塑造人物、构思艺术场景或进行绘画、雕塑、谱曲等艺术活动时，都有意识或无意识地诉诸《圣经》。"这样做一方面可以使具体的文本超越时间、空间的限制，具备强烈的讽喻功能；另一方面又应合着欧美人的'集体无意识'，通过接受者的联想或想象而与欧美人在基督教文化氛围内长期积淀的群体心理、意识联系起来。"①

作为出生并生长于南方腹地（deep south）的南方作家，福克纳具有典型的南方人的特点，包括深受南方加尔文主义、清教主义等宗教信仰的影响。虽然他本人并没有明确声称自己的宗教信仰，但他也不止一次地指出，他自己最喜爱并反复阅读的书就是《圣经》。在他的作品中，读者可以很清晰地看到基督教的深刻烙印，比如，在他的作品中，叙述结构具有圣经故事经典的 U 形叙述结构，有时也会借鉴《新约》中《福音书》的叙述特点，利用多个人物采用多角度来讲述同一个故事。他小时候去外祖父家时，必须背下《圣经》中的一些章节才被允许进餐。此外，他的父母都是虔诚的基督教徒，家庭和社会广泛的宗教影响以及严格的宗教教义熏陶使得福克纳深深浸润在基督教的环境中，并在不知不觉中吸收、借鉴其中的精华。

### 1. 神话原型理论

神话原型批评借鉴人类学、文化学、心理学的研究成果

---

① 袁秀萍：《威廉·福克纳批评与研究》，西南交通大学出版社 2016 年版，第 81 页。

从一些新的视角入手对文学现象所做的研究扩大了文学研究的视野，吸收了其他学科的理论，并最终成为独当一面的文学批评方法，开拓了文学研究的领域。原型批评诞生于20世纪初，兴盛于50年代，作为20世纪重要的文学批评的方法和流派，它的理论来源呈现出多元化的特征。神话原型学派认为，文学艺术都是潜意识作用的结果。反映原始人的习俗和心理的神话、宗教仪式作为一个民族心理特征的象征，超越了时间的限制，成为一种心理积淀物，一种心理气质，保存在这个民族成员的潜意识中，作家、艺术家从事创作时，便会不自觉地把它表现出来。因此，文艺创作只有和象征民族共同心理的这些原型联系起来考察，才能看出它的意义。在这个过程中，英国人类学家弗雷泽和瑞士心理学家荣格起到了巨大的作用，而集大成者则是加拿大理论家弗莱。

发现神话和仪式与原型有密切联系的是英国人类学家弗雷泽，他在其著作《金枝》中试图以宏观的视角，在跨文化的不同国家和民族的不同神话和仪式中寻找雷同的原型。弗雷泽在《金枝》中认为交感巫术是原始人用来控制自然的手段，而实施巫术的活动被称为仪式，在进行各种仪式中原始人又创造了神或者神化的人，这样从巫术到仪式到神话的线索就成为学者和批评家们探寻一部文学作品或者文学现象的远古和现代联系的一种路径。深受弗雷泽影响的剑桥学派将神话和仪式两种因素介入文学研究，为弗莱之后的原型批评理论提供了切入点。该派文学家都善于从仪式和神话的角度研究文学，将文学的起源、创作与之联系起来，并在原始和文明之间重新建立了有机联系，使得包括文学在内的众多文化现象能够在深广的史前背景中得到追根溯源的探查。

心理学家荣格的集体无意识概念是又一种对原型批评产生重要影响的理论。首先，集体无意识是潜意识下面的潜意识，是超越了个人层次的，所有人类的潜意识。荣格认为集体的潜意识当中有被称为"原型"的东西，并在很大程度上左右着个人的内心。他认为，集体无意识常以象征的形式表现为外在的、可经验的实体，这种实体被称为"原始意象"，后来被荣格正式命名为"原型"。所谓原型，就是遗传上的所有人都与生俱来的东西，积聚着几乎人类有史以来的所有经验和情感能量，而原型是集体无意识的外在形式。集体无意识的内容主要是原型，个体无意识的内容大部分则是情结。因此，原型是人类学、神话学、分析心理学和原型批评的基本概念。此外，在荣格看来，原型是联系集体无意识和文学作品和文学现象的媒介。原型作为集体无意识的具体形式，一方面显现在神话、宗教、民间传说和神话中，另一方面也会自发地呈现在个人的梦境和幻想中。

在弗雷泽的神话和仪式理论和荣格的集体无意识理论的基础上，弗莱创立了原型批评并使之走向高潮，而且把神话原型批评推广到世界文学界。弗莱的理论核心是"原型"，他对原型概念赋予了新的解释。与荣格不同，弗莱把"原型"这一概念从心理学的范畴推广到文学领域，指出"原型就是典型的即反复出现的意象"。原型概念的内容已大大地被扩展开来，它已不仅仅局限于神话和宗教仪式的研究中，而成为今天的文学与过去的一切传统文化相联系的桥梁。原型成为一种现实的、广泛存在的文学作品的构成因素，使原型概念在批评实践中具有了更加重要、广泛的意义。原型既可以指原始模式、原始意象，又可以指在不同时代、不同地域的文学作品中反复出现的同类主题、情节、人物、意象和象征。文学作品中的人物、意象、细节描写、情节、结构等都可以被看作某种原型，而且使原型获得了独立性、发展性和传承性，文学也摆脱了单个作品独立存在和发展的形态，而是不同作家的作品，不同国家、民族的作品盘根错节，成为一个互相关联的整体。根据弗莱的观点，所谓"原型批评"，就是要求从整体上来把握文学类型的共性及演变规律。原型批评强调从神话、仪式和文学中寻找出普遍、共同的原型，进而发掘积淀在其中的种族的乃至人类的集体无意识和深层心理特征。因此，最基本的文学原型就是神话，神话是一种形式结构的模型，各种文学类型都是神话的延续和演变。

根据弗莱的神话原型理论，他把原型主要分为意象原型和主题原型两类。具体考察西方文学中反复出现的意象原型，主要有：水、太阳、色彩、撒旦、智慧老人、花园、树、沙漠等意象。主题原型主要分为：创世主题、永生主题和英雄主题。创世主题主要指的是某些超自然的神如何将宇宙、自然和人类创造出来的神话故事。后世的文学如果有关于诞生的过程，便属于这类创世的原型。永生主题包括了两种叙述形式：其一是逃避人间，重返天堂，主要体现了对现实人间的厌弃以及对理想世界、神仙世界和极乐世界的向往。另一种叙述形式是无止境的死亡与再生。英雄主题表现了英雄为了某种目的，比如拯救王国、为世人赎罪、为了娶得公主等，所经历的种种磨难和牺牲。为此，荣格总结和描述了众多的原型，如出生原型、再生原型、死亡原型、力量原型、巫术原型、智慧老人原型、英雄原型等。

弗莱还从人与自然的同构关系出发，总结概括出神话的四种叙述模式。自然界有日出日落的循环，一年四季的往复更迭，人的生命也有生与死的不断循环，人类社会中的生命运动同自然界的规律一样具有同构性。在这样的认识基础上，弗莱把神话归纳为四种叙述模式：第一，黎明、春天和出生方面。关于英雄出生的神话，关于万物复苏的神话，关于创世的神话，以及关于黑暗、冬天和死亡这些力量的失败。从属的人物：父亲和母亲。这是传奇故事的原型，狂热的赞美诗和狂想诗的原型。第二，正午、夏天、婚姻和胜利方面。关于成为神仙的神话，关于进入天堂的神话。从属的人物：伴侣和新娘。喜剧、牧歌和团圆诗的原型。第三，日落、秋天和死亡方面。关于战败的神话，关于天神死亡的神话，关于暴死和牺牲的神话，关于英雄孤军奋战的神话。从属的人物：奸细和海妖。悲剧和挽歌的原型。第四，黑暗、冬天和毁灭方面。关于这些势力得胜的神话，关于洪水和回到混沌状态的神话，关于英雄被打败的神话，关于众神被毁灭的神话。从属的人物：食人妖魔和女巫。此为讽刺作品的原型。

西方文学原型分为三大类意象。第一，神启意象：对天堂景象的展现和表现人类的理想。表现人类向往的文学均源于"神启意象"类的原型。《圣经》是"神启意象"原型的典型。第二，魔怪意象：展示地狱和人类否定的世界，表现梦魇、替罪羊、迷惘和奴役的文学均源于这种原型。"魔怪意象"并不仅指幻象类的作品，还包括"人的魔怪式的世界"，即"由一种自我之间分子般的张力所聚合在一起的社会，其特点是对团体或领袖的效忠，抹煞人的个性"。"神话原型"也可以理解成一种隐喻。第三，类比意象：表现介于天堂和地狱之间的种种意象。"天启意象"和"魔怪意象"属于原始的、没有移用的神话,"类比意象"在神话中只有萌芽,属于浪漫主义和现实主义的文学结构。弗莱试图通过"类比意象"使他的神话原型批评有更广泛的适用性。

神话原型批评将考察的重点放在文学作品的整体上,不仅把文学史中的单个作品联系起来,而且还将其拓展到交际、生活等方面,从而使文学获得了整体性和系统性。在具体分析中倡导使用"远观"或"站后"的方法,致力于以原型为起点来追踪文学的源头、发展、演变,突出了意象在作品中的重要作用,进而去挖掘作品与作品、作品与传统之间的联系,从而使文学具有厚重的历史纵深感。此外,"原型批评理论不但丰富了文学解读的工具和尺度,即使文学解读理论由比较单一的形式关怀走向富于文化意义的人文关怀,而且还为扩大文学接受理论的内涵和外延,为后来阐释学和接受美学这些以读者为本体的文学解读理论的出现和发展提供了一定的理论前提。因此,在一定意义上可以说原型批评理论在西方文学解读理论的发展史上起到了继往开来的伟大作用"。①

2. 神话原型理论解读

对于生长于美国南方"圣经地带"的福克纳来说,《圣经》和基督教是解读他的作品的一把钥匙。没有这些宗教因素的参照和考察,就无法真正深刻理解他的作品。在他的每一部作品中,福克纳都要大量引用《圣经》,将基督教的基本精神与现代社会的罪恶进行对照、映衬。此外,他的作品中充斥着基督教的原型,如基督耶稣原型、伊甸园原型、堕

---

① 焦明甲:《论"原型批评"理论的历史贡献及其理论局限》,载《长春大学学报》2002 年第 12 期。

落原型、十字架原型以及罪与罚的原型等。福克纳还将其作品的名称与《圣经》紧密联系，比如《押沙龙，押沙龙！》《去吧，摩西》。这些作品的名称、情节以及人物形象的塑造都取材于《圣经》里的故事，这样便将故事的寓意自然融入其中，使读者在阅读时产生自然联想、预期，从而将现代的作品与古代的文学典籍交相融合，并赋予作品新的深意。

　　《喧哗与骚动》的前三章是康普生家的三个儿子分别讲述其姐妹凯蒂的故事，对其失贞的事件从不同角度进行了各自的叙述。而凯蒂失贞的意象源于《圣经·创世纪》里伊甸园的故事。夏娃受蛇的引诱偷吃禁果，从而导致了人类的堕落，也是人类原罪的源头。凯蒂的堕落则是康普生家族滑向衰落的象征，也代表了整个美国南方的不可挽回的颓败趋势。小说有四个不同的叙述者从不同的视角讲述以凯蒂为核心的康普生家族的故事，四个叙述者的叙述时间也不相同，分别平行于基督受难的主要日子，模仿了《新约》中"四福音书"叙述基督耶稣故事的多角度叙事手法。此外，福克纳还在小说中运用了耶稣的故事，利用"逆转式"象征手法将故事中人物的活动与基督耶稣的遭遇进行平行对照。比如，班吉在叙述故事时，他的年纪是33岁，而耶稣被处死之后又复活的时间也是33岁。但具有讽刺意味的是，小说中的班吉不仅没有耶稣的伟大和救赎能力，而且被塑造成一个白痴的形象，被阉割，最后还被关进了疯人院。这其中的对照暗示了即使耶稣在现代再次出现，但也无法实现复活和获救，更无法对普通民众进行救赎。借此，福克纳对现代人们的嘲讽、同情等复杂情绪得以表明。

　　在《马太福音》的记载中，耶稣在受洗后成为救世主，进行普度众生的任务，因此，水代表了清洁、洗涤罪恶的意象。基督教中的洗礼也成了清除罪恶、自我救赎的一个宗教仪式。此外，水还有毁灭、重生及死亡的意象。在诺亚方舟的故事中，大洪水一方面具有毁灭性的作用，另一方面也洗刷了人类犯下的罪恶，带来了新生的希望。在《喧哗与骚动》中，昆丁选择投水的方式结束自己的生命，一方面，水本身就具有死亡的意象；另一方面，昆丁试图通过水来洗涤自己及家族的罪恶，挽回堕落的颓势，希望给自己家族和南方带来重生。

在自杀前，昆丁在潜意识中将自己想象成孤独的耶稣形象，幻想能像耶稣那样拥有救赎的力量，通过死亡来拯救妹妹凯蒂和自己。这里昆丁的意愿和幻想充满了原罪和救赎的色彩。凯蒂的堕落象征着康普生家族的没落以及南方传统观念和价值观的崩溃和堕落。据《圣经·路加福音》记载，耶稣复活的那天，彼得去到耶稣的坟墓那里，"只见细麻布在那里"，耶稣的遗体已经不见了。在《喧哗与骚动》的最后一章，也就是1928年复活节这一天，小昆丁卷走了杰生私藏的钱财，跟人私奔了。康普生家的人发现，在小昆丁的卧室里，除了她匆忙逃走时留下的一些杂乱衣物外，空无一物。在《圣经》里，耶稣复活了。但是在《喧哗与骚动》里，小昆丁却彻底走向了堕落。象征着洗涤罪过和净化灵魂的宗教活动在黑人教堂进行着，福克纳想借此说明，在这部小说中，复活节的救赎主题在现实世界里显得如此苍白无力，基督耶稣的神圣反衬出康普生家族子孙的自私和无法获救的状态。如果说有复活的人，也不体现在康普生家后裔身上，而是体现在福克纳寄予了无限希望的黑人女佣迪尔西身上。她代表了福克纳一再重申的人类的希望和救赎。

（三）从女性主义角度解读

女性主义（feminism，又称为女权运动、女权主义）是研究女性性别和女性权利的学说，"是一种倡导男女平等的信念和意识形态，指为结束性别主义（sexism）和性别剥削（sexual exploitation）、性歧视和性压迫（sexual oppression），促使性阶层平等而创立和发起的社会力量与政治运动。它是一个跨越阶级与种族界限的社会运动，着重于批评社会普遍存在的性别不平等以及分析性别不平等的成因，并推动女性的权利与利益"。① 女性主义是指一个主要以女性经验为来源与动机的社会理论与政治运动。女性主义的观念基础认为，现时的社会建立于一个男性被给予了比女性更多特权的父权体系之上，因此，女性主义者首先是以挑战男权制为主要目的，并重点关注男女权利的不平等及其解决方略。女性主义起源于西方，但迅速在世界各地传播，并在各个领域产生了重大的影响。基于女性主义的西方妇女运动是女性主义理论产生并得以蓬勃发展的根源，从这个意义上说，对现实的关怀是其保持旺盛生命力的重要原因。此外，自我反思、不断推陈出新也是保持理论鲜活常青的关键因素。因此，女性主义理论成为当代文学批评理论中影响最为广泛、最具活力的思潮之一。

1. 女性主义发展阶段

妇女解放运动到今天为止，大致可以分为三个阶段。

---

① 袁秀萍：《威廉·福克纳批评与研究》，西南交通大学出版社2016年版，第110页。

（1）第一阶段：19 世纪下半叶至 20 世纪初

第一次妇女解放运动大概始于 19 世纪末左右，是妇女解放运动的第一次浪潮。此次运动争论的一个焦点是要求女性在教育、立法、经济、政治等方面取得与男性同等的权利，强调男女在智力上和能力上是没有区别的，因此，女性应该和男性一样拥有加入社会秩序之中的平等的权利。此外，第一阶段最重要的一个目标是要争取家庭劳动与社会劳动等价、政治权利同值，往往被称作"女权运动"。

（2）第二阶段：20 世纪初至 20 世纪六七十年代

此阶段始于 20 世纪之初，在六七十时代达到高峰，也被称为"现代女权主义"阶段。在此期间，世界经历了两次世界大战，随之而来的是殖民制度的瓦解，人们的思想也受到不同程度的冲击，争取民权、平等权利的运动在全世界范围内展开。在此种思潮的影响下，女权主义运动也风起云涌地发展壮大起来，"不仅从经济和阶级斗争方面要求妇女和女性的平等，在'性'方面也诉求女性的'解放'，挑战整个男性社会，挑战'性阶级'体制，主张摒弃社会秩序，主张女性能够摆脱男性影响而生存。这个时期的女性主义将女性和男性完全对立起来"。① 值得关注的是，此时期女权主义运动的基调是要强调两性间分工的自然性并消除男女同工不同酬的现象，要求忽略把两性的差别看成是在两性社会关系中，女性附属于男性的观点。此外，这一阶段女权主义运动强调女性内在固有的积极性，其特征是女性主体意识的觉醒以及

---

① 袁秀萍：《威廉·福克纳批评与研究》，西南交通大学出版社 2016 年版，第 111 页。

对男权中心主义的全面清理和批判，要求建立一种女性能够摆脱男性影响而生存的社团或群体。

这个时期的西方女权主义主要划分为三个流派：以凯特·米勒特、凯瑟林·麦金侬等人为代表的"激进主义女权主义"，以朱丽叶·米切尔为代表的"马克思主义/社会主义女权主义"和以贝蒂·佛里丹等人为代表的"自由主义女权主义"。其中"马克思主义/社会主义女权主义"主要是从经济和阶级斗争方面要求妇女和男性的平等，要求妇女在物质上的地位。而"激进女权主义"和"自由女权主义"挑战的是整个男性社会，挑战"性阶级"体制，她们主要是在"性"方面诉求女性的"解放"。其中，自由女性主义从玛丽·沃斯通克拉夫特抨击卢梭的"女人缺乏理性"的男性中心论开始，到西蒙·波伏娃提出"女人不是天生的，而是变成的"这一反父权神话的宣言。这些都代表着中产阶级白人妇女要求打破父权论述中男尊女卑是生理差异的生物决定论观点。她们承接了启蒙主义关于"平等""自由"的主张，强调女性与男性一样，同样具有理性，并指出男女权利不平等是社会性别制度形成的。但是，自由主义女权主义者一方面要求和男性有同样的教育、法律、职业等权利，另一方面又主张不触犯现存社会制度结构而要求个人的平等权利。与之相对照的是，激进女权主义试图把父权体制连根拔起，在运动的层面提倡"姐妹情谊就是力量"，组织"提高性别意识小组"以启发性别觉悟。激进女权主义者认为女性比男性更优越，而主流社会男性独尊，甚至一切压迫如阶级、种族问题也是由性别压迫而起，所以主张彻底革命，女性解放除了走分离主义的道路别无他途。

第二阶段女权主义运动带来的另外一个结果，就是对于性别研究，即女性主义的学术研究兴起。因此，出现了形形色色的女性主义流派。长久以来，西方社会是一个以男权霸权意识为中心的社会意识形态。所以人们在这种意识形态中形成的概念使得他们从男权的角度来描述这个世界，并且把这种描述混同于真理，也就是说，这种描述是千真万确的，是天经地义的。而女权主义对这些男女们人习以为常的概念提出了挑战。尽管流派众多，但基本点是争取两性平等，彻底消除女性受歧视、受剥削、压迫乃至受虐待的状况。更重要的是，这一阶段的女权精英们在投身、探寻女性话语权的实践过程中，注重通过女性在习俗、历史、文化上的社会性属的考察，积极探索女权主义理论的建设，女权主义理论作为正式的学术研究，逐渐发展成为人文学科中一个重要的研究领域。

（3）第三阶段：20世纪80年代至今

此阶段也被称为"后现代女权主义"阶段，提议女性自尊、自省、自爱、自觉、自理、自治，要求男性辅助女性摆脱蒙昧和压制，走向等位同格。"此阶段重视超出女性范围的哲学思考，把'平等'与'差异'、男女对立的二分法作为强制的形而上学范畴，目标是致力于建立超越男女性别对立的社会，推进文化多元化，倡导人类与自然的和谐统一。此阶段社会主义和性自由的色彩更浓厚，倡导一种平等、无暴力、文化多样、合作、无等级，已经消除了父权制的男女平等合作的理想社会。"① 在此阶段，出现了一系列的女性主义

---

① 袁秀萍：《威廉·福克纳批评与研究》，西南交通大学出版社2016年版，第111页。

派别，包括：黑人女性主义、第三世界女性主义、后殖民女性主义、生态女性主义，等等。

黑人女性主义对白人中产女性主义进行了批评，她们指出了种族与阶级的差异，这不但是对激进女性主义的批判，更是直接开启了 90 年代后现代女性主义的思潮。白人中产阶级女性主义者谈论性别压迫，强调自己是父权制的受害者，但回避掩饰自身在种族、文化、阶级上的特权和白人对黑人及第三世界妇女的伤害与压迫。黑人女作家艾丽丝·沃克还建议抛弃 feminism 一词，改用 womanism，以超越白人霸权和白人女性主义的男女二元对立。第三世界女性主义是在反对西方殖民主义与种族霸权的斗争中发展起来的。第三世界女性主义者批评白人女性主义把黑人和第三世界女性看作被动的、缺乏反抗精神、没有性别意识、甘愿受压迫和剥削的愚昧的受害者形象，从而强化西方文明的优越感。黑人和第三世界女性主义提出的差异政治，不是要摧毁妇女的团结，而是希望建立一个以多元差异为本的多元抗争战线与策略。黑人女性主义和第三世界女性主义成为 90 年代差异政治以至整个后现代女性主义的重要引发因素。

概括起来，西方女性主义经历了不断地创新、挑战、质疑与突破的过程。从把妇女视为被动的受害者到具有主体性的能动者；从男女二元对立到多元的性别观；从身份政治到分裂矛盾的身份；从白人中心到后殖民女性主义；从性别压迫等级制到结盟政治；从批判父权制到重建性别关系……这是西方女性主义走过的道路，也是其理论发展的大致过程。

2. 女性主义文学批评理论

女性主义理论有一个基本的前提，那就是：女性在全世界范围内是一个受压迫、受歧视的等级，正如女性主义思想泰斗法国女权运动的创始人之一波伏娃所说的"第二性"。女性的第二性地位普遍存在于一个跨历史、跨文化的社会结构之中，表现在女性在政治、经济、文化、思想、认知、观念、伦理等各个领域都处于与男性不平等的地位，甚至在家庭这样的私人领域中，女性也处于与男性不平等的地位。因此，女性主义理论的目的在于分析基于性别政治、权力关系和性意识（sexuality）等方面的两性不平等的本质，包括的主题有"歧视、刻板印象、物化（尤其是关于性的物化）、身体、压迫与父权等主题"。[①] 从这个意义上说，女性主义文学批评即为关于阅读和写作的批评理论。妇女阅读、阅读妇女、作为妇女的阅读是女性主义文学批评阅读的三个层次。由于父权制和男性中心主义的控制，在传统文化中，女性只能被动地阅读。女性主义运动赋予女性文本意义的阅读，妇女可以自觉地、有意识地进行女性阅读，从而由最初盲目地阅读转变为有目的地阅读。

作为文学发展进程中的必然产物，且受到女性主义运动的影响，女性主义文学批评也大致经历了三个阶段。第一个阶段：20 世纪 60 年代末到 70 年代中期。这一时期的女性主义文学批评理论的主要关注点是针对传统文学批评中男性的性别歧视、男性的价值观和偏见的抨击。凯特·米勒（Kate Millett）在她的《性政治》（*Sexual Politics*）一书中引入了"父权制"（patriarchy）这个概念。她认为父权制是女性受压

---

① 袁秀萍：《威廉·福克纳批评与研究》，西南交通大学出版社 2016 年版，第 110 页。

迫的根源，同种族关系和阶级关系一样，性别关系也是一种政治关系，且更难根除。这个时期的女性主义文学批评引入了女性的视角，以此来重新评价父权制下的女性形象。此外，女性主义文学批评还对女性作家及其作品进行研究，对其进行全新的评价和解读，以扫清父权制意识形态的影响和压迫，使得女性获得重构其文学传统的机会。

女性文学批评理论发展的第二个阶段：20 世纪 70 年代中期到 80 年代中期。在此期间，女性主义者"在揭露文学作品中父权偏见的同时，重点研究女性作家及其作品，努力挖掘和定义女性自己的传统，重新定义女性生活、创造力、风格、体裁、主题、形象等的性质，并寻找和再版那些被湮没被遗忘的女性作家及其作品，女性文学成为一个特殊的探索领域。"① 女权主义者敦促女性读者在阅读时要从女性视角进行阅读，而不应受男性文本中对女性压迫的意识影响。英国女作家弗吉尼娅·伍尔夫（Virginia Woolf）是这个阶段的代表人物，被称为当代女权运动争论之母，为女性文学批评奠定了坚实的基础。西蒙娜·德·波伏娃（Simone de Beauvoir）的女权主义著作《第二性》（ Le Deuxieme Sexe ）揭开了女性主义运动的序幕，极大地促进了女性文学理论的发展。

女性文学批评理论发展的第三个阶段：20 世纪 80 年代中期至今。这个阶段的女性主义文学批评受到各种文艺思潮和政治思潮的影响而进入了理论重构阶段，囊括了文学领域大多数的运动，如社会主义女性主义、心理分析女性主义、女

---

① 袁秀萍：《威廉·福克纳批评与研究》，西南交通大学出版社 2016 年版，第 112－113 页。

同志女性主义、后殖民女性主义、黑人女性主义（或妇女主义）、生态女性主义等。在此期间，伊莱恩·肖瓦尔特在《她们自己的文学》（*A Literature of Their Own*）一书中将妇女文学的发展分为对主流文学的效仿、反抗以及建立自我价值三个阶段，并在《迈向女性主义诗学》（*Towards a Feminist Poetics*）中提出了"妇女批评学"的概念和理论，并将女性文学研究的历史总结归纳为四个方面，包括：生理、语言、精神分析学和文化。"女性写作"的概念也在此期间提出。

总而言之，女性主义文学理论是当代最富有活力的文学理论之一，在吸收、借鉴了其他流派的理论的基础上，不断探索、修正和完善自身的理论体系，并顺应了西方社会女性解放运动发展的趋势。因此，女性主义文学理论在深刻检视、批判父权制社会的基础上，为西方文学理论研究和发展提供了新的视角，做出了不可磨灭的贡献。

3. 从女性主义角度解读

美国是信仰基督教的国家，在南方，清教徒信奉的加尔文主义更是盛行不衰，对人们的道德观、伦理观有着根深蒂固的影响。禁欲主义是清教的重要观念，清教徒认为肉体是肮脏的，而性爱更是一种亵渎上帝的罪孽，所以，人应该通过宗教的苦修来约束欲望、抵制诱惑。此外，在清教徒的社会礼仪规范和家庭道德训诫遵从的是男性至上的男权主义，女性是男性的附属品，处于从属的地位，应无条件地服从男性。由于人类的原罪始于夏娃偷吃禁果，所以女性就成了"堕落"的代言人，是万恶之源，因此，她们要对自己的女性身份感到羞愧。如果稍有反抗，就被视为洪水猛兽加以遏制，进而唾弃，甚至被贴上"荡妇"的标签。美国南方的父权制、妇道观同宗教中的清教主义、加尔文主义相融合，对南方女性的控制更强，约束更多。这种严格的妇道观和家庭荣誉观压迫着南方女性，并要求女性要具备贞洁、虔诚、顺从和自我牺牲等德行。南方基督教背景下的种族主义和男权主义加上清教主义，都对女性的身体和精神形成沉重的压制和奴役，并最终表现为对白人女性贞操的过度甚至是变态的崇拜。女性的贞操等同于甚至重于其生命以及作为女性的价值。同时，维多利亚主义的二分看世界的影响反映在南方的妇道观上，表现为女性要么被"拔高为女神、圣女、母亲，成为纯洁、仁慈和炽爱的象征"，要么就被"谴责为娼妓、巫婆、诱惑者，成为变节、恶毒和淫荡的象征"。① 就男性而言，女性的社会地位越低，她们的贞操就越"珍贵"，越神圣不可侵犯。在早期的南方，一些族群在进行激烈争斗的时期，为了发泄对敌对族群的仇恨，他们采取的一个手段就是强奸对方族群的妇女。对妇女的强奸并非针对女性本身的侵犯，而是对敌对族群男性的打击和侵犯。在南方传统观念中，女性是男性的"财产"和"所属物"，因此，通过伤害他们的女性以达到败坏他的财产、利益和荣誉的目的。

南方的妇道观、淑女观要求女性，或者"淑女"不应有欲望和激情，有的只能是对男性的恭顺和服从，这其实是对女性存在感的无视和抹杀。南方男性不仅要求女性重视自己的贞操，同时男性也把保护女性的贞洁视为头等大事，甚至比她们的生命还重要，因此这关系到家族的荣誉和社会的声

---

① ［美］D. L. 卡莫迪：《妇女与世界宗教》，徐均尧译，四川人民出版社1989年版，第9页。

望。因此，贵族家庭的女性只能成为纯洁的淑女，而男人们极力要维护的不是她们的生命和权利，而是她们的贞洁和清白。在这种环境下成长的南方女性，尤其是贵族妇女，从小就习惯于压制欲望、抑制感情，她们没有自我，无法掌控自己的命运。在保持纯洁、虔诚、自我牺牲等美德的重负之下，她们只会保持淑女的骄傲和矜持，从而导致了南方淑女情感冷漠、自私无趣的性格特征，最终沦为南方清教主义、父权制和妇道观的受害者和牺牲者。

文学在人类发展中起着重大的作用，是社会历史文化的一部分，不可替代。文学批评不能脱离历史而孤立存在，更不能超越历史，而应该在特定的历史环境中，从历史发展的角度进行研究和解读。福克纳家族是典型的南方大家族，有过辉煌的历史，但是伴随着南方在美国内战中的失败而来的是南方的价值观和道德体系的瓦解，父权制的解体以及南方老派贵族的灭亡。虽然福克纳在情感上怀念家族曾经的辉煌，但是他的人道主义思想使得他深切同情黑人奴隶以及其他被压迫者，并在自己的世系小说中超越了贵族家庭的悲剧的层面，深刻反思了以南方为代表的整个人类社会及其历史发展的趋势。作为美国南方人，福克纳深受南方传统价值观、伦理观、道德观以及宗教观的影响。他一生都纠结于南方传统的维多利亚主义和现代主义的争斗之中，显示了其对南方以及南方人的矛盾心理。对于南方女性，他也是倾注了复杂的情感：对于她们所遭受的南方清教主义、父权制、维多利亚的南方妇道观的束缚，他深表同情，但是对于南方所盛行的女性的"次"群体从属地位的观念，福克纳也在无意识中有所认同。因此，在他的作品中，我们可以看到一系列的女性形象，她们充分体现了福克纳的创作思想、价值观和艺术观。

在《喧哗与骚动》中，凯蒂虽然不是主要的叙述者，但是四个叙述部分都是以她为中心人物，从各自的视角来讲述一个关于凯蒂的故事，可以说，这个"堕落"的南方淑女承载了整部小说。福克纳在创作这个小说之初，脑海中浮现的就是一个小女孩儿爬上树偷窥屋内葬礼，树下的兄弟们仰视她，向她打听窗内情况的场景。爬上树的凯蒂成为男性仰视的对象，其粘了泥巴的底裤成了她日后失贞进而堕落的一个预演。可以说，凯蒂脏了的底裤是女性堕落、家族没落，甚至整个南方颓败的一个象征。虽然福克纳曾多次声称，凯蒂是他最爱的一个女性形象，但是在小说中，凯蒂隐身于三个兄弟的叙述之中，成为他们口中的那个"凯蒂"，并没有机会亲自讲述自己的故事。从这个意义上说，在男性占主导地位的南方社会，凯蒂缺乏真实、独立的形象，呈现给读者的只是三兄弟意识的镜像，是一个被男性随意建构的沉默的"他者"，成为一种抽象的象征。在班吉眼中，她有树的清香的味道，代表的是充满温暖和爱的母亲形象；在哥哥昆丁眼中，她是家族荣誉的象征，所以当她失贞后，昆丁感觉到了南方贵族家庭无法挽回的颓势，于是也自杀了；而在大弟杰生眼中，她是堕落娼妓的象征，给他带来了厄运和耻辱。由此可见，凯蒂被塑造成既是天使又是妖魔的形象，代表的是南方女性的两个极端。正如凯蒂自己所声称的："在他眼里，至高无上的并不是她这个人，而是她的贞操，她本人仅仅是贞操的保管者。"这就一针见血地表明了南方女性在父权制的南方社会所处的尴尬地位。清教思想占统治地位的南方，"女性的纯洁与名誉是南方父权制的基石"，① 被当作道德典范捧上了浪漫神话圣坛的南方淑女不过是男权维护社会秩序的借口。在男权至上的重压之下，凯蒂选择放纵情欲来对抗南方的妇道观，来构建女性的主体意识，但最终难逃堕落的命运，沦落为德国纳粹军官的情妇。其既是圣母又是荡妇的女性形象表明了福克纳对女性问题的深刻思考，但在很大程度上也反映了他受到南方传统思想的影响，对女性既爱又恨的矛盾心态。

凯蒂作为整本书中最重要的人物，叙述的核心，但是却没有以她的视角来讲述自己的故事和经历。福克纳曾声称凯蒂是他的最爱，但是凯蒂为何只能出现在三兄弟叙述的镜像之中，被他们所描述、诠释，而不能以活生生、有血有肉的形象出场呢？我们并不清楚凯蒂的真实观点，甚至不知道她的长相。根据叙述视角理论，"视角的选择反映的是一种权利关系。通过不同的角度来反映一个事件，不仅能反映小说中人物的思想，而且从某种程度上反映了作者的道德取向与价值趋向。"② 康普生三兄弟对凯蒂故事的讲述和言说，其实反映了男女之间的权利关系。由男性来讲述女性的故事，表明了男性对女性的支配和重塑。对于为何将凯蒂背景化，福克纳曾回答说："因为凯蒂太美，太动人啦，我不忍心委屈她来

---

① K. Railey. Natural Aristocracy: History, Ideology, and Production of William Faulkner, Tuscaloosa and London: The University of Alabama Press, 1973. p. 56.

② 赵毅衡：《当说者被说的时候》，中国人民大学出版社 1998 年版，第 42 - 47 页。

讲这个故事，言语会亵渎她。"① 虽说这个说法似乎符合福克纳对女性一贯的看法，但在某种程度上也反映了他作为男性对女性的优越感，也道出了他对女性的矛盾心理。

在《喧哗与骚动》中，有一个非常令人印象深刻的场景：凯蒂爬上树往屋里看，而三兄弟在树下仰望，看到她沾满了泥巴的底裤。这个动人的意象是福克纳创作此部小说的最直接的来源。穿着脏了的底裤爬树的意象象征着女人的堕落，又引申为康普生家族的败落，甚至关乎南方的颓败。小说采用多视角的叙述手法，由四位讲述人分别讲述关于凯蒂的故事，关于康普生家族的故事以及南方的过去、现在和将来。在书中，叙述的中心人物凯蒂隐身于四位叙述者的言语背后，像影子一样存在于整个故事中。正如西蒙娜·波伏娃在《第二性》中所说的："女人完全是男人所判定的那种人，……定义和区分女人的参照物是男人。"② 因此，定义和判定凯蒂的参照物就是她的三个兄弟。他们对她的讲述只是他们眼中的凯蒂形象，其真实性、可靠性以及准确性值得商榷。在男权社会中，男性叙述者讲述女性的故事本身就具有"异化"或"边缘化"女性的意味，因此，女性只能沦落为男权社会中的沉默的"他者"，处于社会和历史的边缘地带。凯特·米利特在其《性政治》中一针见血地指出："男性文化权力意识主要表现在

---

① Frederick L. Gwynn, and Joseph L. Blotner. Faulkner in the University, Virginia：The University of Virginia Press, 1959. p. 6.

② ［法］西蒙娜·波伏娃：《第二性》，陶铁柱译，中国书籍出版社1998 年版，第 11 页。

两个方面：公众对该权力的认同，以及通过暴力手段予以加强。"①

此外，根据法国解构主义精神分析家雅克·拉康的理论，人的认识过程分为两个阶段：一个阶段是想象态，另一个阶段被称为象征性秩序。想象态与前俄狄浦斯阶段相一致，也就是说，在这个阶段，处于婴儿时期的孩子与母亲紧密相连，没有语言，也没有意识，更没有主体与客体的区别，有的只是身份与存在。在第二阶段，由于父亲的影响和介入，孩子与母亲分离，从而进入了语言的象征性秩序。象征性秩序实际上代表了父权制下的社会性别秩序，是父权制的象征和影响。拉康认为，一个人必须进入象征性秩序，即人们必须习得语言从而进入正常人的语言世界，否则就被视为精神病者或白痴而被隔离。在拉康的自我人格的构建体系中，语言具有非常重大的作用，是构建主体的条件，而且具有控制主体思维能力和方式的功能。因此可以说，语言是男性中心主义意识产生的重要工具，是男性文化的载体，婴幼儿学习掌握语言的过程其实就是认同并接受父权制社会体系及其价值观的过程。在这个男权世界中，语言象征着世间万物，是所有意义、价值、权力的载体，具有强烈的男权意识。

在拉康的理论框架之下，作为书中的第一个讲述者，班吉是一个智力停留在三岁孩童水平的白痴，他的意识混乱不堪，只能借助感觉来描述事物。其实，他就是未能掌握代表男权的语言这个重要工具，因此对母爱的依恋非常强烈，因

---

① ［美］凯特·米利特：《性政治》，钟良明译，社会科学出版社1999年版，第40页。

此也无法进入男权社会的象征性秩序，只能停留在俄狄浦斯阶段。母亲康普生太太的冷漠未能给予他所需的母爱，而姐姐凯蒂则充当了母亲的角色，成为班吉意识深处的依恋对象。在他支离破碎、时空颠倒的讲述中，他对凯蒂的感情却是真实而鲜明的。他喜欢抱着姐姐凯蒂曾经穿过的旧拖鞋，因为这双拖旧鞋象征着他和凯蒂一起度过的快乐的童年时光，也是他成年以后唯一可以使他得到安慰并从号叫中安静下来的物件。当他听到有人叫"Caddie"① 时，就会激动难耐，以为姐姐会出现，但总是以失望收场。姐姐凯蒂在他的记忆中就如同树的清香的味道，因此，每次闻到树的香味时，就会想起她。可以说，凯蒂给他的童年带来了脉脉温情，他的生活也因凯蒂的爱而有了一些美好的回忆。同时，他也对凯蒂充满了无尽的眷恋和怀念，甚至可以说，他的整个世界都是围绕着凯蒂运转的。"班吉的独白严谨地环绕贯穿在一个感情丧失的主题上。他最主要的损失，也是他不时想挽回的，便是凯蒂。凯蒂位于班吉世界的中心，对维护他这个世界固有的秩序具有举足轻重的作用。然而凯蒂的自然成长，尤其是她作为一个女性的成长过程破坏了这种固有的秩序。"② 因此，班吉极力阻止凯蒂的成长，因为他渴望保持现状，希望能永远拥有凯蒂的爱。凯蒂不可避免的成长，主要在性方面的成熟，让班吉感受到了莫名的失落感和威胁感。因此，对于凯蒂作为女性的日渐成熟，班吉是充满抗拒和痛苦的。对于凯蒂每一次的"堕落"，班吉都做出了激烈的反应。当凯蒂抹

---

① 发音与凯蒂名字的发音很像。
② 袁秀萍：《威廉·福克纳批评与研究》，西南交通大学出版社2016年版，第134页。

了香水偷偷出去和男孩约会，亲吻后回来，班吉从她身上闻到了与她之前不一样的味道，就大声号叫表示抗议。当凯蒂在卫生间将身上的香水味除去，并将嘴巴洗干净时，班吉又从她身上闻到了熟悉的树的清香的味道，这才平静下来。之后凯蒂失贞的当天也是他最先感受到她身上味道的不同，于是就强行把她推到卫生间，试图让她清洗干净，以便恢复之前的树的清香味。但是，这次凯蒂无论怎么洗也无法再像失贞前那样充满树的清香了。对于班吉的这种保护性的、类似于道德卫道士式的过激反应，如果我们运用女性主义理论进行诠释，便不难看出这是作为男性代表的班吉对作为女性代表的姐姐凯蒂的一种强力的控制欲望。在男权社会中，男性对女性的纯洁和贞操有着超乎想象的迷恋，并为了"保护"她们的纯洁而做出各种尝试和努力。虽然班吉是一个智力低下的白痴，无法通过正常的语言来说出自己的要求，但是在保护代表男权权威的女性贞操方面却让人感受到了一种令人窒息的压力和强硬。在这个意义上，他看似喜爱、保护凯蒂的做法其实是出于一个男性对女性贞操的过度迷恋，以及对凯蒂打破传统贞节观、妇道观的反对。

其实，班吉身上表现出来的这种对女性贞洁的看重以及对女性意识的控制欲在其他两个兄弟中也可以清楚地看到。但是，这种迷恋表现在杰生身上却演化成一种对女性的强烈的仇恨和贬低。正如他在自己叙说部分的开头所说的，"我总是说，天生是贱坯就永远都是贱坯"，这种对女性刻骨的恨意代表了男权社会中一些男性不加修饰的、赤裸裸的厌女症心理，同时也说明了男性认为自己更明智、地位要高于女性的一种狭隘的优越感。在他的叙述部分，自始至终都是对凯蒂的怨恨，对小昆丁的谩骂，对康普生太太的嘲讽，对黑人女佣迪尔西的斥责，甚至对自己的女朋友，也只是性欲的发泄而没有任何感情。对他而言，女性都是低级的，应该服从于男性，为男性服务，他甚至认为女性是用于交易的商品。相较昆丁对女性贞操的迷恋，他的妇道观则更为残忍、粗暴。他认为女性的身体属于男性和家族，是男性不可侵犯的财产，而男性乃至家族的荣誉和地位也是由女性的贞洁构筑的。在他看来，失去贞洁的女人都是卑贱的，应受到相应的惩罚。因此，凯蒂就成了他口中的"贱坏"，婚前她不守妇道而失贞，因而婚后被夫家抛弃，从而给康普生家族带来了耻辱，更重要的是，使他失去了在银行工作的机会。他的这种狭隘的观念和对凯蒂的怨恨一直延续到小昆丁的身上，并对她进行了无情的报复和折磨，导致小昆丁因长期缺乏爱而变得无情无感，最终以卷走杰生私吞的钱、与人私奔告终。对于小昆丁偷走了凯蒂给她而被杰生私藏的赡养费，杰生男性至上的男权主义意识暴露无遗。"可是接着他又想起了那笔钱，想到他居然在一个女的，尤其是一个小丫头片子手里栽了跟斗。如果他能让自己相信抢走他钱的是那个男的就好了。"[①] 这里杰生对凯蒂、小昆丁的恨不仅仅是出于她们使家族蒙羞的角度，更重要的是，她们都是无视男性的权威而"擅自"行事的新时代的女性，对持有老旧观念的男性以及他们所代表的旧南方提出了不容置疑的挑衅，也对这种冷酷无情的父权制社会体系提出了有力的抗议。福克纳正是通过这些个性鲜明

---

① ［美］威廉·福克纳：《喧哗与骚动》，李文俊译，漓江出版社2015 年版，第335 页。

的角色来揭示南方旧的道德观，价值体系终将崩溃、男性权威终将瓦解的无法挽回的历史趋势。

如果说杰生对凯蒂的感情只是恨的话，那么哥哥昆丁对她的感情则更为复杂，既有爱又有绝望。在杰生眼中，凯蒂是妖妇，在昆丁心中，她则是天使的化身，是家族荣誉的象征。昆丁将凯蒂神圣化，使之成为圣女的形象，目的是表达他对南方辉煌历史的沉湎和怀念。对于昆丁而言，凯蒂的贞操以及对贞操的强烈保护欲更是令他陷入历史和过去中而不能自拔。作为康普生家族的长子，他深深受到父亲康普生先生虚无主义的影响以及南方盛行的维多利亚主义的熏陶，对女性持有顽固的偏见，以僵化的二分法看待所有女性：女性要么是纯洁、神圣的，要么就是淫荡、堕落的。虽然他来到北方接受现代思想的教育，但是他并不能融入其中或接受，反而对于南方盛行的"贵族神话"和贵族奉行的传统和习俗，他却欣然全盘接受并深信不疑。他以近乎病态的痴迷和偏执将康普生家族，甚至整个南方贵族家族的希望寄托于妹妹凯蒂的贞洁之上。因此，当他得知凯蒂失贞时，他的内心世界和一切的希望轰然毁灭，他选择不去相信，甚至在父亲面前故意说是他和妹妹犯了乱伦之过。在他眼中，妹妹失贞是比乱伦更让他难以接受的事情。这些都反映了昆丁作为男性的代表对女性所持有的态度，他们希望女性臣服而不能有任何欲望，更不能以自己的意愿随意行事。当他们发现女性有了自主意识而不听从他们的操控，甚至做出他们认为伤风败俗的行为后，他们内心的惊恐足以让他们崩溃。作为南方贵族家族、贵族神话的继承者和代表，昆丁不堪一击的脆弱内心和最终选择自杀的结局，表明了南方不可挽回的没落和颓败，也是男权主义社会终将瓦解的预兆。

康普生三兄弟眼中的凯蒂，不管是天使也好，妖妇也罢，其实都是男性对女性的一种投射，或者说，女性是男性眼中的投影，是他们意识中的"他者"或"异端"。女性长期存在于男性的阴影之下而缺乏独立的自主意识，正如凯蒂一样，虽然她是三兄弟叙述的对象和关注的焦点，但她在整部小说中都没有她自己真正的、独立的形象，而只能存活于男性的阴影之下，存在于他们的记忆之中。凯蒂的缄默与缺席象征着当时女性普遍的生存状态："没有本体，没有独立身份，没有独立身份，没有自己的声音，只是由他人来确定、描绘和解释。也就是说，她只是一个符号。作为一个符号，并不是说她就完全没有意义，只不过她的意义并不存在于她本身，而是存在于别人对她的理解，存在于她同别人的关系之中。"① 也就是说，凯蒂只是一个客体，是男性主体意识的一个映像，可以被随意叙述和建构。对男性而言，她只是一种抽象的象征物。在昆丁看来，她是家族和南方荣誉的象征；在杰生眼中，他是卑贱、厄运的象征；对班吉而言，她又成了爱和温情的象征。包括福克纳在内，都没有给予凯蒂自我言说的自由和权利，这也是男权社会下，广大女性所面临的严峻事实。

在《圣经·旧约》中，夏娃作为女性叛逆的原型已经在西方文化中被广为接受，并对西方人的传统、思想、文化、行为造成深远的影响。正如格赖迪思·米利勒所指出的："凯

---

① 肖明翰：《威廉·福克纳研究》，外语教学与研究出版社1997年版，第238页。

蒂，这个非传统的南方妇女，反叛传统的方式是让自己成为母亲，而这并不是居于爱情或受到诱惑，而是有意显示自己的性自由和不顺从，从而最终逃脱康普生家的禁锢。"① 作为小说中心人物的凯蒂，其创作原型就来自于夏娃。小说中的一些描述也微妙地指向《旧约·创世纪》神话中夏娃受蛇的诱惑而偷吃禁果的故事，比如，凯蒂不顾他人的阻拦偏要爬上树去偷窥大人不允许他们看的葬礼的情形。而且文中还特意提到了"一条蛇从屋子底下爬了出来"。② 这样的叛逆形象在当时的南方是无法接受的，她的反叛在男权盛行的南方社会根本无法让她立足，根本无法独立谋生，最终只能沦为男性的情妇。可以说，凯蒂是男权社会统治下的牺牲品，她的最终结局也代表了在南方清教主义妇道观、贞洁观等传统观念压迫下饱受折磨的广大女性无法逃避的尴尬境况。因此，在美国南方男尊女卑的性别伦理统治之下，凯蒂的所作所为是对公认道德准则的公然蔑视，是对当时伦理秩序的挑战，最终只能沦为一无所有。从这个意义上说，凯蒂是南方盛行的淑女神话的牺牲品。

凯蒂的女儿小昆丁也不甘舅舅杰生的压迫和欺骗，奋起反抗，其实也是对以杰生为代表的男权社会的叛逆。她不遵从社会对女性的层层束缚，通过逃学、撒谎，甚至伪造签名来挑战学校，其实也是社会的规约，从而挑战男性的掌控。在传统观念中，女性并不是独立存在的一个性别，而是一个

---

① 转引自袁秀萍：《威廉·福克纳批评与研究》，西南交通大学出版社 2016 年版，第 137 页。
② ［美］威廉·福克纳：《喧哗与骚动》，李文俊译，漓江出版社2015 年版，第 40 页。

不完整的男性，是男性主体的对立面——客体。这一点可以从小昆丁逃走后对她卧室的描述看出："这不像一个姑娘家的闺房。也说不上像什么人的房间。那股淡淡的廉价化妆品的香味、几件妇女用品的存在以及其他想使房间显得女性化些的粗疏的并不成功的措施，只是适得其反，使房间变得不伦不类，有一种出租给人家幽会的房间的那种没有人味的、公式化的临时氛围。"① 这段对小昆丁房间的描述表明她的女性身份被抹杀、降格，缺乏鲜明的独立风格。她的房间只是权宜居住之所，像是廉价的"幽会的房间"，这也暗示了小昆丁在康普生家尴尬的地位以及在南方社会的地位处境。为了对男权社会的束缚进行反叛，找回自己的女性身份，她也像母亲凯蒂一样降低自己，与人幽会来对南方的妇道观进行激烈的对抗。但两人最终都成为福克纳笔下"迷失的女人"式的悲剧人物。

（四）从种族主义角度解读

1. 美国黑人解放的历史

美国黑人是历史上被欧洲殖民者劫运到美国的非洲黑人奴隶的后裔，又称非洲裔美国人。美国黑人的历史可追溯到16世纪美洲沦为欧洲殖民地的时期。16世纪至19世纪，欧洲殖民者从非洲劫运大批黑人卖到美洲为奴，主要在美国南部诸州做苦力，深受白人种族主义者的剥削和虐待。可以说，黑人争取自由、平等的历史可以追溯到美国建国时期。1776年，美国脱离英国独立，但奴隶制并未废除，黑人依然是奴隶。1787年颁布的《美国宪法》声称"人人生而平等"的准

---

① ［美］威廉·福克纳：《喧哗与骚动》，李文俊译，漓江出版社2015年版，第309页。

则是将黑人排除在外的，黑人没有选举权，没有自由，没有财产，没有尊严。19世纪中叶，北部自由劳动制度与南部奴隶制度之间的矛盾发展到不可调和的地步。1854年在北方成立了美国共和党。同年，南方奴隶主企图用武力把奴隶制扩张到堪萨斯州，于是在堪萨斯州爆发了西部农民与来自自由州的移民反对南方奴隶主的武装斗争，斗争持续到1856年，揭开内战的序幕。1861年4月至1865年4月，美国南方与北方之间进行了长达四年的战争，史称南北战争。战争爆发的原因之一就是争夺黑人劳动力。1862年9月22日，林肯总统颁布《解放黑人奴隶宣言》（*Emancipation Proclamation*），美国从制度上完全废除奴隶制。1863年1月1日又正式命令解放奴隶，黑人奴隶在法律上成为自由人，不再是奴隶主的财产。但是，奴隶制虽然被废除了，黑人并没有如期获得与白人同等的权利和自由，更没有得到土地。相反，根深蒂固的种族主义依然盛行：种族歧视、种族隔离在战后很长一段时间都普遍存在。美国黑人在政治、经济等很多方面仍然面临诸多困难和歧视。但《宣言》中表明林肯政府已从限制奴隶制转变为完全废除奴隶制，把战争放到新的基础上，黑人开始摆脱奴隶的枷锁。林肯成为黑人解放的象征。同年，美国诞生了宪法第13条修正案，奴隶制被认定为不合法。

南北战争中被击败的南方邦联军队的退伍老兵于1866年组成三K党，旨在南方恢复民主党势力，并反对由联邦军队在南方强制实行的改善原来黑人奴隶待遇的政策。这个组织经常通过暴力来达成目的。1868年，美国宪法第14条修正案获得批准，黑人获得平等的公民权；1870年，美国宪法第15条修正案问世，规定所有公民均有选举权。即使如此，奴隶制废除后的美国南部各州依然施行"隔离但平等"的做法。各州以"非裔美国人"和"欧裔美国人"之名将黑人和白人从空间上分割开来，避免接触。1896 年，美国联邦最高法院在普莱西诉弗格森案中裁决这种做法合宪。1955 年 12 月 1 日，星期四，黄昏时分，在阿拉巴马州的蒙哥马利，黑人妇女罗莎·帕克斯（Rosa Parks）在公共汽车上因为拒绝给一名白人乘客让座而遭逮捕，引发了黑人抵制乘坐公交车的运动。长达十多年的黑人民权运动就此开启。1963 年，黑人民权运动领袖马丁·路德·金于华盛顿发表"我有一个梦"的演说，吸引二十万人到场，将黑人民权运动推向高潮。这场黑人解放运动和当时席卷美国及欧洲各国的民权运动相呼应，最终取得了显著的成果，种族隔离政策终被废除，黑人获得了更多的政治、经济以及受教育的权利和机会，这些都从根本上提升了黑人在美国社会的地位。

2. 福克纳对待黑人的态度

从某种意义上说，关注种族问题以及黑人的生存问题是南方文学的重要主题和组成部分。南北战争前，一些文人写了不少关于美化奴隶制的"南方神话"，为的是掩盖奴隶制的罪恶本质，为奴隶主阶级服务。内战后，联邦政府虽然从法律上废除了奴隶制，解放了黑人奴隶，但是种族问题依然阻碍着南方社会、经济发展。出生于内战后的新一代人（福克纳即属此类）接受了"人生而平等"的主张，因此从理智上是反对奴隶制奴役黑人、剥削黑人的残忍做法的。作为出生于南方、生长于南方的地地道道的南方人，福克纳对种族问题的关注在其作品中有非常明显的印记。正如悉德尼芬克尔斯坦所指出的，"福克纳总是意识到，南方生活的核心问题是白人与非白人之间的关系问题"。① 在阅读他的作品时，读者会清楚地看到种族问题是难以逾越的一个话题，在他的诸多作品中，有18篇长篇小说都与种族和黑人问题有关。随着他约克纳帕塔法世系小说的逐步展开，他对南方的种族制度和种族问题的认识与批判也在不断地深化和发展。他曾在一次访谈中说道："我既热爱它又憎恨它，在南方，有一些事情令我非常厌恶，但我生在那里，那儿是我的故乡，即使我憎恨它，我仍将捍卫它。"② 这里福克纳所说的令他"非常厌恶"的事情就是美国南北战争前的蓄奴制和战后歧视黑人的种族主义。但是，福克纳一生都是处于新旧两种思想、观念及意识的斗争之中，包括他对他种族问题的态度上亦是如此。一方面，作为南方贵族家庭的继承者，曾经的奴隶主，他认为黑人不够文明，需要进行教化；但是另一方面，作为人道主义和具有基督精神的现代主义者，他认为人生而平等，对黑人的生存状态甚为同情，他甚至认为黑人坚韧不屈的生存能力才是美国未来的希望。

"正是在种族问题上，在黑人形象的塑造中，福克纳思想中的深刻矛盾比在其他任何方面都更尖锐地表现出来。"③ 但是，我们需要格外注意的是，虽然福克纳对待黑人时难免会带有白人的优越感，但是在他所塑造的所有人物中，黑人并

---

① 转引自李文俊：《福克纳评论集》，中国社会科学出版社1980年版，第122页。

② Robert A. Jelliffe, ed. Faulkner at Nagano, Tokyo：Kenkyusha, 1956. p. 26.

③ 肖明翰：《威廉·福克纳研究》，外语教学与研究出版社1997年版，第215页。

不是特别阴暗、邪恶的角色。相反地，他常常以真诚的笔触极力赞美那些"好黑人"，对他们所展现的诸如忠诚、善良、勇敢、顺服等优良品格，也是进行了大力的褒扬。与此同时，福克纳也看到了他们身上普遍存在的问题，比如缺乏斗争和主体意识，逆来顺受、甘于现状，对自由缺乏应有的向往和奋斗等。福克纳对待黑人的矛盾的态度可以概括为"有保留的反种族主义立场"，而这种态度的形成一方面是由于受到家庭和南方社会的普遍观念的影响，另一方面却是来自他对现实生活的观察和感悟。出身于南方贵族老派家庭，父母及长辈的宗教熏陶对福克纳有潜移默化的影响，使得他既有基督徒的博爱精神又有基督徒的忍耐精神。因此在社会变革方面，他反对激进、强硬、暴力的改革而寄希望于渐进、温和、非暴力的手段，因为他认为激进的斗争手段会造成社会动荡、不安定。此外，他还认为种族问题并非只是政治问题，而是一个道德问题，因此需要通过完善道德规范来解决。另外，黑人也需要提高自身的道德修养和素质，这样才有可能实现和白人的平等地位。对此，他也曾指出自己身上的这种矛盾性，"事实上，南方土生土长的人，他们不仅相信两者可以调和，而且他们是热爱这片土地的——不是单单只热爱白人也不是单单只爱黑人，而是爱我们的土地、我们的国家：爱我们的气候、我们的地理，爱我们人民的品质，包括白人也包括黑人，因为他们诚实公正，有光荣的传统，有辉煌的历史——这些都足以让人试图去调和双方，即使会落个两头都不讨好的下场；既受北方激进派的轻蔑，他们认为我们做得太不够，又受到我们自己南方顽固派的侮辱与威胁，他们深信我们所做出的一切已经太多"。① 福克纳对待种族问题的观点实际上反映了当时南方很多白人的立场，但这是一种荒诞的基于种族主义的伦理悖论。

在福克纳的世系小说中，作为人道主义代表的福克纳不止一次地深刻揭露了奴隶主对待黑人奴隶的暴行，比如在《八月之光》《押沙龙，押沙龙!》和《喧哗与骚动》中，黑奴可以被主人随意打骂，甚至被视为动物而遭到奴隶主猎捕，还有些黑奴被处以残忍的私刑。这些都表明了他对种族主义、奴隶主阶级以及奴隶制的无情批判以及要借此唤醒世人对黑人生存状态的关注、同情以及对种族主义的警醒和不满。到了福克纳晚年时期，他对种族问题的关注更为密切，并在公开场合多次发表自己反对种族主义的言论，其中《坟墓的闯入者》很大程度上就是在种族矛盾日益激化，黑人民权运动风起云涌之际，福克纳为了表明并声援反种族主义而创作的。这部小说和之前他晦涩难懂的世系小说截然不同，采用了通俗易懂的侦探小说的写作风格，讲述了一个关于种族问题的破案小说。此外，他在一次演讲中指出，"作为一个南方白人，或许甚至是作为随便怎样一个美国白人，我也诅咒那一天，当时，头一个黑人，在违背他意志的情况下，被带到这个国家来，并被卖身为奴"。② 在种族主义盛行的南方，福克纳还冒着极大的风险公然对种族主义者提出批评，指出他们的罪行："在我们今天的南方经济中一定不让黑人得到经

---

① ［美］威廉·福克纳：《威廉·福克纳随笔》，詹姆斯·B.梅里韦瑟编，李文俊译，上海译文出版社2008年版，第88页。

② ［美］威廉·福克纳：《威廉·福克纳随笔》，詹姆斯·B.梅里韦瑟编，李文俊译，上海译文出版社2008年版，第149页。

济上的平等，这是我们白人的耻辱；而担心一旦给了他们更多的社会平等便会危及他们目前的经济地位，这更是我们白人的双重耻辱；情况已经如此，我们还一定要用白人血液纯洁问题来使得问题更加夹缠不清，这更是我们的三重耻辱了。"①

总之，福克纳对待黑人的矛盾观点表明他"虽然非常关注黑人问题，但他毕竟还是个艺术家，而不是成熟的政治家，一方面，他坚持认为南方应该放弃种族主义的立场与政策；另一方面，又坚决反对联邦政府采取强制措施来结束种族隔离政策，他发表的有关种族关系的论点有时会自相矛盾，经常遭到来自左右两派的夹击，他这种左右不是人的境遇是20世纪中叶美国南方自由主义知识分子在历史的夹缝中努力发声的真实写照"。② 他本人既反对种族主义，但又怀念南方辉煌历史、向往旧南方的生活方式的矛盾心理代表了南方人的普遍看法，也是对他们价值观、道德观、伦理观的折射，而这些在福克纳的小说中都有充分的体现。

3. 《喧哗与骚动》中所体现的种族问题

《喧哗与骚动》反映了南方不可挽回的颓败，而加重了这种趋势的一个重要因素就是奴隶制。可以说，奴隶制是施加在南方及南方人头顶的一个诅咒，而他们内战的失败就是诅咒的一部分。对此，福克纳借着《喧哗与骚动》中昆丁的

---

① ［美］威廉·福克纳：《威廉·福克纳随笔》，詹姆斯·B. 梅里韦瑟编，李文俊译，上海译文出版社2008年版，第153页。

② 武月明：《爱与欲的南方：福克纳小说的文学伦理学批评》，南京大学出版社2013年版，第97页。

口说出了自己的看法："我们头上笼罩着一重诅咒。"① 这个诅咒其实就是奴隶制及其恶果给新生的南方人所带来的沉重的心理负罪感和心理负担，因为他们虽然内心深处意识到了奴隶制的罪恶，但是对过去辉煌的历史以及因此而滋生的传奇和神话又充满着无尽的怀念和崇拜。福克纳这种矛盾的心理在《喧哗与骚动》中也有所体现，一方面反对以杰生为代表的白人的恶行，包括对他们奴役黑人、歧视黑人的种族观的批评；但另一方面，他也反对激烈的社会变革，并在书中美化奴隶制下的主仆关系，塑造了以迪尔西为代表的"好黑鬼"形象。

"好黑鬼"（a good nigger）是福克纳在其作品中写得最大也最生动的人物形象，尤其是黑人妇女，她们通常安于做一个"黑鬼"，更在精神上接受了自己奴仆的身份。他们诚实、勇敢、忠厚、善良，具有吃苦耐劳的品质，并且对自己的主人忠心耿耿。正如福克纳赞美迪尔西时所说的："迪尔西是我最喜爱的人物之一，因为她勇敢、大胆、慷慨、温柔和诚实；她永远比我勇敢、诚实和慷慨。"② 迪尔西作为康普生家里的贴身奴仆，和主人家保持着貌似亲密的关系，并对自己的忠仆地位心满意足。比如当丈夫罗斯库斯抱怨康普生家不吉利有意离开时，迪尔西斥责他说："反正你跟这一家子也没吃亏，不是吗？威尔许成了个壮劳动力，弗洛尼让你拉扯大嫁

---

① ［美］威廉·福克纳：《喧哗与骚动》，李文俊译，漓江出版社2015年版，第175页。

② James B. Meriwether, Michael Millgate. Lion in the Garden：Interviews with William Faulkner 1926—1962. New York：Random House，1968. p. 224.

人了，……T. P. 也长大了，蛮可以接替你的活了。"① 她不仅对主人表现出绝对的尽忠，甚至对主人的白痴孩子班吉也表现出细心的关爱，称他为"乖孩子""宝贝"。但是与此相反的是，她对自己的孩子反而非常严厉，绝不允许他们越雷池一步，循规蹈矩地伺候康普生一家，还让孙子勒斯特照顾班吉。与主人家的"宝贝"相对的是，她经常斥责自己的孙子勒斯特"没脑子"，还称他为"黑小子"。她竭力维护主人康普生家族的一切，是奴隶制阶级，甚至是福克纳本人所期望的理想的"好黑鬼"形象。但是福克纳塑造迪尔西的目的不仅在于她对主人的忠心耿耿，更在于迪尔西代表的黑人所拥有的爱的能力是拯救康普生家族、拯救南方的一种模式。在康普生家，康普生先生的嘲讽、康普生太太的冷漠都不能给家里的孩子带来爱的温暖，只有迪尔西拥有这种能力。她对班吉以及小昆丁无私的爱让人动容，这也是杰生对她又恨又怕的原因。

但是，黑人女佣迪尔西和主人康普生一家的关系远非福克纳所一厢情愿的那么融洽，读者可以从她和小昆丁之间的尴尬关系中看出一些端倪。小昆丁在康普生家孤苦伶仃、无依无靠，但是她对照顾她的黑人女佣迪尔西却是十分矛盾：一方面她渴望母爱，不由自主地向迪尔西寻求慰藉，潜意识中将迪尔西作为母亲的替代；但是另一方面，她又因为迪尔西的"黑人"身份而下意识地拒绝接受她的关爱。当杰生辱骂小昆丁为"你这小骚货"的时候，她大为受伤，向迪尔西

---

① ［美］威廉·福克纳：《喧哗与骚动》，李文俊译，漓江出版社2015年版，第30页。

求助。"迪尔西，"她说，"迪尔西，我要妈妈。"但是当迪尔西走近她试图安抚拥抱她时，她却抗拒了，把迪尔西的手打开，说："你这讨厌的黑老太婆。"① 小昆丁受到南方种族主义的影响，认为黑人和白人是两个不同且分离的世界，因而在她的内心深处，并没有接受迪尔西是和她一样的人，而不过是个"黑鬼"。

在福克纳看来，偏执的种族主义分子通常缺乏人性，因此小说中杰生就是这样一个典型形象。他对黑人整天进行语言的辱骂、肢体的责打以及精神的折磨。在他眼中，黑人都是好吃懒做的懒鬼，因此他抱怨说他得辛苦工作来养活一厨房的"黑鬼"，虽然他并不一定给他们付工资。他还指责黑人愚蠢无知，无法和白人相提并论，而是比白人低一级的生物，正如他所说的，"若是有人行为像黑鬼，那就不管他是谁，你只好拿对付黑鬼的办法来对付他"。② 昆丁的种族主义倾向虽然不像杰生表现得那么明显，但是他所追求的传统的礼仪、礼节都表明了他的黑白世界分裂的观念。他关于黑人的看法清楚地揭示了他的个性、思维模式以及行为方法。在他的世界里，黑人一直萦绕不去，占据了他大量的独白内容。甚至在他叙述他登上开往北方的有轨电车这件事情时，他也会有意识地注意车上是否有黑人的存在。正如他自己所说的，

---

① ［美］威廉·福克纳：《喧哗与骚动》，李文俊译，漓江出版社2015年版，第80、209页。

② ［美］威廉·福克纳：《喧哗与骚动》，李文俊译，漓江出版社2015年版，第205页。

"我过去总认为一个南方人是应该时时刻刻意识到黑鬼的存在的"，① 这里昆丁所指述的南方人并不包括黑人在内。在他的意识中，黑人不像一般的南方人，他们代表着他渴望回去的理想的旧南方，是历史和过去辉煌的象征。黑人的解放和重获自由与昆丁内心及其对白中充斥的黑人形象形成了鲜明的矛盾，表明了昆丁在以白人为中心的世界所失去的一切，也构建了他微妙的矛盾重重的内心世界。

在昆丁看来，他习惯性地认为黑人就像其他黑人，而白人就像其他白人，他们分别属于两个不同的世界。对于黑人的态度，正如他自己所声称的，"黑鬼与其说是人，还不如说是一种行为方式，是他周围的白人的一种对应面"。② 其实，"黑鬼"的产生是有其深刻的社会背景的，这是一种白人看待黑人的方式，是美国南方一直以来所保持的社会的自然秩序的象征，也是传统的黑白关系的明证。作为南方种植园贵族阶级的后代，昆丁自视为旧南方的绅士，但他对黑人所怀有的偏见也是南方很多白人所持有的。从实质上讲，白人并没有将黑人视作真正意义上的人。福克纳虽然并没有在其作品中带有明显的种族偏见，但是他对小说中人物的刻画实际上表现了"本土的、恒久的种族特征，这些特征明显取决于社会和经济历史的特定情形"。③ 此外，小说中还涉及了黑人

---

① ［美］威廉·福克纳：《喧哗与骚动》，李文俊译，漓江出版社2015 年版，第 97 页。

② ［美］威廉·福克纳：《喧哗与骚动》，李文俊译，漓江出版社2015 年版，第 97 页。

③ Doreen Fowler, and Ann J. Abadie. Faulkner and Race, Jackson：University Press of Mississippi, 1986. p. 197.

经济地位的变化，这也是新南方和旧南方不同的地方——新南方以黑人经济形式的逆转来重新定义种族的概念。小说中康普生一家和他们的黑佣也都感觉到了明显的经济模式的改变以及由此带来的社会变化。黑人们不再满足于不计酬劳的工作而要求自己的经济权利，比如小黑孩勒斯特就一直寻求属于自己的钱，虽然杰生愚弄勒斯特，当着他的面将马戏团的入场券烧掉，但是迪尔西还是设法拿到钱，让勒斯特去看了戏。黑人开始寻求经济独立并要求娱乐表明了不可逆转的情势，同时也是让白人避之不及的情势，那就是"黑人的钱也跟白人的钱一样值钱"。勒斯特对班吉的警告，"我可真的要抽你啦"，表明班吉像是一个"被剥夺"的主人的形象，而白人贵族代表康普生一家则感受到了白人在变穷变"黑"，黑人则开始经济独立在变"白"。于他们而言，所有威胁到南方旧秩序的外来因素都是"黑"的，正如昆丁反复强调他碰到的那个移民小女孩"黑"的外貌。因此，当昆丁感受到未来世界的发展将摧毁他理想的南方，他最终只能选择自杀作为逃避现实的手段。福克纳借此表明了种族发展的趋势，也带有他本人的一丝忧虑和感慨。作为种植园主阶级的后裔，福克纳本人也无法摆脱社会、历史和家庭的影响，在种族问题上难免会带有时代的局限性和矛盾性，但是作为后来的读者，我们在关注他所处的社会历史背景的前提下，更多地去挖掘他所描绘的人物和故事，而不是只纠结于他的局限之处，这样才能从整体上把握其作品的深刻内涵。

## 第二节　《押沙龙，押沙龙！》解读

　　《押沙龙，押沙龙！》发表于 1936 年，是福克纳最杰出、最具代表性的作品，但是出版之初却备受冷遇，甚至有人认为这部作品表明福克纳的创作能力在走向衰退。1949 年福克纳获得诺贝尔文学奖之后，这部作品重新走入人们的视野，并引发了文学界的热议。之后，评论界及读者开始关注并接受这部作品，并公认其为福克纳在表现形式和主题意义两方面最高成就的代表作。福克纳本人对这部小说的成就也是信心十足，他曾宣称，《押沙龙，押沙龙！》"是迄今为止一个美国人写得最好的一部小说"。① 这部小说可以说是福克纳历经多年、几经波折后才创作出来的杰作，也是他思想以及写作技巧成熟的一部标志性作品。在这部小说中，福克纳采用了一系列的现代主义的艺术手法，包括意识流、多视角叙事、神话原型、象征等，同时还借鉴了现实主义、浪漫主义等手法来讲述之前作品中所涉及的几乎所有主题：奴隶制、种族主义、父权制、性别压迫、阶级矛盾、南方历史、凶杀、乱伦等。因此，小说主题的多元性以及艺术手法的丰富性使得这部作品既具有宏大的结构，又具有独特的艺术表现力。

### 一、作品简介

　　小说的书名《押沙龙，押沙龙！》直接取材于《圣经·

---

① ［美］达维德·敏特：《圣殿中的情网——小说家威廉·福克纳传》，生活·读书·新知三联书店 1991 年版，第 254 页。

旧约》记载的关于大卫王的故事。押沙龙是古代以色列国国王大卫的儿子，也是他最珍爱的儿子。但是大卫王的另一个儿子暗嫩被立为王位的继承人，因此，押沙龙心中不满，暗暗嫉妒。恰巧暗嫩背着大卫王乱伦，强奸了同父异母的妹妹他玛后抛弃了她。他玛是押沙龙的亲妹妹，为此押沙龙对暗嫩的恨意更深，决意为妹妹报仇。随后他找机会杀死了暗嫩，并亡命他乡。之后他又觊觎父亲大卫王的王位，举兵反叛，但最终被大卫王手下的将军杀害。这个故事中非常动人的一个细节是，当大卫王得知押沙龙被杀的消息后，悲痛万分，一面走，一面哭喊着："我儿押沙龙啊！我儿，我儿押沙龙啊！我恨不得替你死，押沙龙啊，我儿！我儿！"这个细节反映了大卫王注重亲情的人性的一面。虽然他功劳盖世，受到神的恩宠，但后来犯下大错，暗嫩及押沙龙先后惨死就是神对大卫家族的惩罚。但是他对儿子的亲情流露使得他的人性大放异彩，更能引发读者的共鸣和同情，因此，这个故事中关于蒙恩和惩罚的教义就格外让读者警醒。

福克纳的小说《押沙龙，押沙龙！》讲述了一个类似的故事，关于旧南方约克纳帕塔法县的传奇人物托马斯·萨德本的神话般的人生经历。故事中人物活动的背景依然是美国的南方，托马斯·萨德本出身贫贱之家，少年时去一个种植园主家办事，却遭到园内黑奴的羞辱，因此立志要奋发图强，干出一番大事业，以洗刷耻辱。虽说只是一个少年，但他已经逐渐意识到人与人政治地位、经济地位的不同。在他看来，不仅白人和黑人之间尊卑不同，就是白人之间也因财产的多寡而天差地别，想要爬上上流社会必须拥有大量的土地、大批的黑奴以及奢华的房产。为此，他远走他乡，来到西印度群岛娶了当地种植园主的女儿，慢慢积累了大量的财富。但是有一天，萨德本突然发现妻子可能有黑人血统，为了保持自己后代血统的纯正，他抛妻弃子（儿子名为查尔斯），带着一群黑奴和积累的财富来到杰弗逊镇，用欺诈的手段从印第安人手里买下一大块土地，修建了一座大宅子，名为"萨德本百里庄园"。为了实现自己的宏伟蓝图，他在当地又娶妻，生下儿子亨利和女儿朱迪思。

萨德本早年抛妻弃子的罪孽最终难逃报应。多年后长大成人的查尔斯在大学里和亨利相识，两人相见恨晚，结为挚友。不知内情的亨利将查尔斯带回百里庄园，并将妹妹朱迪思介绍给他认识，结果两人果真相爱。查尔斯为了获得父亲萨德本的承认，声称爱上了同父异母的妹妹朱迪思，并以乱伦的婚姻来威胁萨德本。萨德本为了阻止这场婚礼，将查尔斯的真实身份告诉了亨利，企图让亨利来制止查尔斯。但是亨利一方面崇拜查尔斯，另一方面也深爱自己的妹妹朱迪思，因此，他最终决定克服良心的谴责，支持查尔斯和朱迪思之间的乱伦之恋。无奈之下的萨德本只好告诉亨利，查尔斯可能有黑人血统，并解释说自己当年也是为此才做出抛妻弃子之举。亨利虽然非常热爱查尔斯，以至于可以放弃自己的长子继承权而拱手让给查尔斯，甚至容忍了查尔斯和朱迪思之间的乱伦，但是当得知实情后，他完全无法接受一个有着黑人血统的同父异母的哥哥。生于南方，深受南方种族主义极端情绪的影响，亨利和父亲萨德本一样，认为血统问题是最不容妥协的问题，因此坚决反对任何与黑人有关的事情发生在自己家族，更不能容忍一个有黑人血统的人来玷污以朱迪思为代表的南方淑女。因此，为了阻止查尔斯和朱迪思之间不同种族之间的通婚，亨利亲手杀掉查尔斯，以确保家族血脉的纯洁性。杀人后的亨利亡命他乡，直到多年后年老体衰的他才悄悄返乡，最终同萨德本百里庄园一起消亡于火海。百里庄园最终无人继承，只能在废墟中荒败下去。这个故事想要表明的是，查尔斯的悲剧不仅仅是他个人的悲剧，而是一个地区、一个国家的悲剧。造成这个悲剧的原因不仅仅是他犯下了兄妹乱伦的伦理禁忌，更重要的是他的黑人血统玷污了朱迪思，犯下了玷污白人女性的种族禁忌。兄妹三个之间的情感纠葛反映了美国南方根深蒂固而又荒谬的种族伦理观，这也是对人性的极大讽刺。

## 二、作品分析

### （一）从叙事学角度解读

福克纳在构建自己的作品时，在叙述结构、叙述风格以及叙述技巧方面通常采用与传统的叙述方式不同的处理方法，对此曾有学者指出，"福克纳作为一个艺术家其伟大之处很大程度在于他的立体视角"，而且，"模糊、歧义、对重要信息的折扣都是有意安排的"。[①] 从某种意义上说，福克纳采用立体视角的叙述技巧以及模糊晦涩的主题，目的之一就是促使读者在阅读中与作者、人物积极互动，参与到作者的艺术建构中来，从而一起探寻作品的真谛。《押沙龙，押沙龙!》这部小说本身就是福克纳现代主义写作手法的一次具有突破意义的实验之作，其中使用的独特的多视角叙事手法将故事的

---

[①] Edmond L. Vople. A Reader's Guide to William Faulkner, New York: First Noonday Press, 1964. p. 28, 32.

真实性和逼真性展现得淋漓尽致，成为其标志性的特点。

《押沙龙，押沙龙!》主要讲述的是萨德本的个人奋斗以及他从成功到毁灭的系列事件。福克纳最初的目的是要表达一个主题："一个人蹂躏了土地，结果土地反过来毁掉了他。"[1] 后来在给小说正式命名时，福克纳决定借用《圣经》里大卫王和儿子押沙龙的故事来暗喻萨德本的故事，这样小说就具有了更为深远的意味，正如他自己所声称的："这是一个关于一个人想要一个儿子来承袭自己的王国、结果儿子多了反而将他毁掉的故事。"[2] 但是，值得读者注意的是，小说的叙事重心并不在萨德本故事的主要事件，而是在叙述行为层面。萨德本故事不过是作者用来阐释叙事主旨、展现各种叙述行为的舞台，正如小说叙述者之一昆丁读者默想的部分所说明的：

说不定我们都是父亲。什么事情都没有发生就结束了。说不定发生从来也不是一次性的而是没准像石子沉下去后水面上的波纹一样……或者没准父亲和我都是施里夫，也许得有父亲和我两人才能制造出施里夫或者说施里夫和我两人才能制造出父亲或者说有了托马斯·萨德本才能制造出我们这

---

① Faulkner, William, Faulkner in the University: class conferences at the University of Virginia, 1957—1958, Ed., Frederick L. Gwynn and Joseph L. Blotner, the University of Viriginia Press, Charlottesville, Virginia, 1959, p. 80.

② Faulkner, William, Faulkner in the University: class conferences at the University of Virginia, 1957—1958, Ed., Frederick L. Gwynn and Joseph L. Blotner, the University of Viriginia Press, Charlottesville, Virginia, 1959, p. 71.

些人。①

借助人物昆丁之口，福克纳表明了自己对于"故事"与叙述行为之间关系的看法，亦即通过戏仿华兹华斯《虹》中的诗句"儿童是成人之父"，说明《押沙龙，押沙龙!》多重叙事结构中"故事"与各叙述层之间的辩证关系，不同的叙述者之间以及不同等级的叙述层次之间是"你中有我、我中有你"的融合，没有明确的分界岭，不能完全分隔开。小说中萨德本的故事并非福克纳叙事的全部，而是提供了一个叙事者能够随意表演的舞台，这样叙述者才得以出现并进行讲述。叙述者之间，包括父亲康普生先生，施里夫，"我（即昆丁）"，没有主次之分，可以互换身份，甚至故事中的事件也可以根据叙述者的观点、立场进行重组、变更。从某种意义上说，这也是福克纳作为作者想要向读者表明的自己的叙事理念。"一方面，他要让整个叙事浑然天成，不含作者的雕琢痕迹，所以他要刻意隐讳自己的叙事策略；另一方面，他又要精心设计，不能由叙述者对故事随意排列、组合、拼接。所以《押沙龙，押沙龙!》在表面上散乱、自然的叙事结构之下隐藏着等级分明、层次清楚的叙述结构，充分展示了作者在组织故事材料方面杰出的叙事能力。"②

1. 叙事结构

从总体叙事结构上看，"《押沙龙，押沙龙!》叙事的中间层面（即叙述层或叙述行为）是框架与嵌套式的结合，四

---

① ［美］威廉·福克纳：《押沙龙，押沙龙!》，李文俊译，上海译文出版社 2000 年版，第 255 页。

② 代晓丽：《福克纳小说叙事修辞艺术》，中国社会科学出版社 2014 年版，第 7 页。

个叙述者的讲述都兼具垂直嵌套与平行嵌套的特征，呈现出较显著的层级性"。① 首先，作为叙述者之一的昆丁和另一个叙述者、哈佛室友施里夫一起搭建了小说总体的叙述框架。在此框架之下，老一代的南方人罗莎小姐和康普生先生的讲述嵌入其中，从而形成了次一级的叙述层。之后，在康普生先生的讲述中又嵌入了昆丁祖父康普生将军的叙事等，更为复杂的是，在康普生将军的叙事中又嵌入了萨德本自己的讲述内容。如此一来，层层叠加、层层递进的叙述策略不仅让萨德本的故事具有了历史的传奇意味，而且不同叙述者的讲述更是从不同的侧面丰富了萨德本故事的意义，使得他的故事不再只是个人的传奇奋斗历史而成为南方历史的一个缩影。"故事中间层的嵌套叙事不仅展现了不同视角的叙述者叙述内容的差异，同时也揭示了叙述者个人经验以及与被叙述者和故事内核事件之间关系的远近是如何对叙述视角产生影响的。"②

　　小说中第一位叙述者是萨德本妻子的妹妹罗莎小姐，她是唯一一位亲眼见过萨德本、跟萨德本有交流的叙述者。在罗莎的叙述部分，萨德本成了"恶魔"的形象，形成了偏执的女性视角。第二个叙述者是康普生先生，在他的讲述中，萨德本被浪漫化，成了一个白手起家、勇于开拓的时代英雄形象。前两个叙述者之间的叙述具有强烈的对比，前者的妖魔化的叙述和后者的故作客观、理性的叙述，对萨德本故事

---

① 代晓丽：《福克纳小说叙事修辞艺术》，中国社会科学出版社2014 年版，第 9 页。

② 代晓丽：《福克纳小说叙事修辞艺术》，中国社会科学出版社2014 年版，第 9 页。

中同一事件相互矛盾的讲述造成多处悬念，也为后面的昆丁和施里夫的讲述提供了更多的想象和推测的空间。第三个讲述者是昆丁，在他的视角讲述中，萨德本成为"种族主义恶魔"和"南方英雄"的混合体，是罗莎小姐和康普生先生混合视角的结合和重叠。第四个讲述者是昆丁的哈佛室友、加拿大人施里夫。他根据昆丁的讲述再加上自己的理解对萨德本的故事进行了加工，并对其中矛盾的地方和缺少的环节进行想象性的补充和修正，形成了自己对萨德本形象的再次塑造。四位叙述者比较相似之处在于，他们会将萨德本传奇中不为人知的空缺部分通过自己的想象加以修补，并在叙述中加入自己的思考、情绪。同时他们塑造出的萨德本也会因为叙述者各自不同的性格特点而有所不同，可以说他们在叙述萨德本故事的同时也是在讲述自己的人生故事。加拿大人施里夫不是美国人，更不是南方人，福克纳特意设立这样一个"局外人"的讲述者，目的是给过于主观的其他三个叙述者的讲述加入一些客观的成分。因此，从某种意义上说，施里夫的视角在某种程度上体现了作者的视角，因此施里夫会指出萨德本蓝图的失败是与南方的历史和文化密切相关的，这也是福克纳试图反思以萨德本为代表的南方贵族家庭衰落的原因，以及与南方文化、历史、宗教、传统之间错综复杂的关系。

萨德本的传奇故事由四位讲述者分别叙述，看似疑团重重，其实情节并不复杂：主要就是萨德本白手起家，奋斗建起萨德本百里庄园，却因其极端的种族主义而导致子女反目、家业无人继承而最终走向毁灭的故事。与福克纳以往的作品不同的是，这个故事的四个叙述者在讲述萨德本故事的同时也是故事的参与者，也在被其他叙述者讲述着各自的经历。罗莎小姐在叙述中告知读者因为萨德本不体面的求婚方式（萨德本要求罗莎为其家业生下男性继承人才能和她结婚），自己的自尊深受伤害而选择遁世。其实，细心的读者会发现罗莎的遁世还有更重要的理由，那就是作为南方淑女的典型代表，她已经无法适应现代生活的变化，只能隐退逃避现实生活。正如福克纳在小说中所表明的，"多年以前，我们南方把妇女变为淑女，战争来了，把淑女变成了鬼魅"。① 康普生先生从父辈处继承了家族的荣耀、祖传的宅院、成群的黑奴以及广博的文化修养，但是面对千变万化的现实生活却无力应对，成为一个消极遁世的弱者和懦夫。萨德本创业的故事被他浪漫化，一是因为他敬佩萨德本这种野心勃勃、行动力超强的传奇人物，还有就是萨德本的故事反映了旧南方的历史文化，是他心心念念的过去。他极力美化萨德本的道德败坏来证实自己的宿命论思想，并为自己的消极悲观辩护。康普生先生的处世态度对长子昆丁具有毁灭性的影响，对他的心理和精神有着无法摆脱的束缚。昆丁对现在没有概念，对未来更是一无所知，充满恐惧，因此只能沉迷于历史和过去之中。"虽然在施里夫的影响下，父亲和南方对他的束缚曾一度削弱，但最后仍再度消沉绝望，他强烈地感到沉重的历史负担并痛苦地意识到他走不出过去的阴影，萨德本家族的盛衰兴亡对他来说代表南方历史的缩影。"② 对于昆丁而言，萨

---

① ［美］威廉·福克纳：《押沙龙，押沙龙！》，李文俊译，上海译文出版社 2000 年版，第 9 页。

② 袁秀萍：《威廉·福克纳批评与研究》，西南交通大学出版社 2016 年版，第 67 页。

德本的故事正好汇集了他所珍爱的南方的一切内涵：美国梦、内战、种植园、黑奴、种族、兄弟相残、群体意识等。施里夫与其他三位叙述者不同的是，他可以从一个全新的视角来看待萨德本的传奇故事，并对其所代表的南方进行提供新的解读。在昆丁讲述的过程中，施里夫不时地打断他，并根据自己的经验和想象，试图弥补昆丁叙述的空白，力图给读者呈现事情的真相。在叙述学概念中，施里夫的想象性的叙述是对萨德本代表的南方的一种吸收、认同、创造，同时也传递了隐含作者对隐含读者的期待。四个叙述者从各自不同的视角来讲述萨德本的故事，他们的看法互相矛盾，并在叙述中直接或间接地批评别人的叙述，从而获得解释整个故事的权威。但是这么一来，四位叙述者的最终结论反而都失去了事实依据，从而把小说局限于某个终极意义的可能性消解掉。

小说《押沙龙，押沙龙！》的叙述结构可以用"戏中戏"来描述：首先，萨德本的悲剧处于故事的中心或者说是舞台的正中央，展现了美国南方的兴衰历史；其次，罗莎小姐、昆丁等其他叙述者则在叙述中各自演绎着自己的悲剧故事，代表着战后南方普通大众的心理。四个叙述者散布在故事的四周，每个人只能代表故事的一个侧面，而不能掌握故事全部的信息。可以说，小说可以分为四个层次：第一个层次是由故事的叙述者由内向外来讲述萨德本的故事，因此萨德本是故事的中心；第二个层次是故事中萨德本的其他家庭成员，包括埃伦、亨利、朱迪思、查尔斯·邦恩；第三个层次是故事人物兼叙述者康普生先生、罗莎；最后一个层次，也是最外维的是昆丁以及代表隐含读者的施里夫。这种叙述层次和结构展现了事情真相与叙述视角、距离之间的关系。由于这种多层次、多视角的叙述方法，想要获得《押沙龙，押沙龙!》一个统一的意义几乎是不可行的，因为叙述者在讲述故事的同时也提供了各种可能性的解读，但没有一个人的推测或解读是能够涵盖整个故事的，因而形成了这部小说解读意义上的多元性。

2. 叙述视角

根据普林斯的定义，"视角也称聚焦、观察点、视点，即为作者讲故事时的感知方式和视觉角度，并通过这种方式和角度向读者讲述故事和介绍背景"。① 传统小说的叙述方式多采用作家无所不知的"全知角度"来叙述，这样的结果就是将读者限制在作者或讲述者的视角范围内，读者无法参与到故事的构建和解读过程中来，难以使读者信服。现代很多作家在叙述故事时大多摆脱了全知全能角度的叙述手法而采用多视角人物来观察和叙述，从而使读者拥有独立的思想，更能积极地解读作者的用意。多视角叙事是福克纳很多部作品的共同特点，在讲述一个故事时，他喜欢通过改变叙述者视角甚至叙述者的方式来多层次将故事呈现在读者面前，邀请读者参与其中，并对叙述者的可靠性和可信度进行判别，从而更好、更深刻地挖掘作品的内涵。在小说《押沙龙，押沙龙!》中，托马斯·萨德本的故事分别由四个讲述者交替叙述，将原本完整的一个故事分解成零星碎片。每个讲述者都有自己独特的叙述角度和叙述想象，呈现的也只是故事的局部或某个侧面，这样读者在阅读过程中必须将这些碎片拼凑

---

① Prince A. Dictionary of Narratology, Nebraska: Lincoln University of Nebraska Press, 1987, p. 73.

起来从而最终形成自己对主人公的理解。这样的叙述手法能够赋予小说故事、结构和人物形象以多面性和立体性，从而摆脱传统叙述手法中对人物非此即彼的二分分析法。小说的叙事焦点是主人公萨德本，福克纳将其分割成不同的侧面，从不同视角，由不同的叙述者从不同的角度和不同的时序交错地展示他的人生故事，从而凸显其强烈的立体感。

《喧哗与骚动》采用的是第一人称内视角的叙事手法，属于多视角并行的叙事结构，与此不同的是，《押沙龙，押沙龙！》采用的是多重式内聚焦的叙述手法，使得其视角结构极其复杂，是一种多重视角的叠加、交叉、相互反射、对照的繁复的叙事模式。在小说中，在昆丁、施里夫双重聚焦的基础上又叠加了罗莎小姐的第一人称内视角（女性视角）和康普生先生的第三人称外视角（男性视角）。此外，在讲述萨德本的传奇故事的时候，福克纳特意将四个叙述者分成内外组合聚焦的两组，"并让这两组叙述者相互补充、呼应，形成多个折射面，无限放大了故事意蕴，让一个普通的地方传说通过视角折射，演变成为讲述美国南方历史、社会、南方人的史诗。"[①] 接下来我们来看一个说明这种叠加的叙事视角的例子：

在那个漫长安静炎热令人困倦死气沉沉的九月下午，从两点刚过一直到太阳快下山他们一直坐在科德菲尔德小姐仍然称之为办公室的那个房间里，因为当初她父亲就是那样叫的——那是个昏暗炎热

① 代晓丽：《福克纳小说叙事修辞艺术》，中国社会科学出版社2014年版，第53页。

　　不通风的房间，四十三个夏季以来几扇百叶窗都是
关紧插上的，因为她是小姑娘时有人说光照和流通
的空气会把热气带进来，幽暗却总是比较凉快，而
这房间里（随着房屋这一边太阳越晒越厉害）显现
出一道道从百叶窗缝里漏进来的黄色光束，其中充
满了微尘。在昆丁看来，这是年久干枯的油漆本身
的碎屑从起了鳞片的百叶窗刮进来的，就好像是风
把它们吹进来似的。①

　　这是小说开始的第一章以昆丁的第三人称意识为中心的
叙述，但在这段叙述中还同时兼有第一人称回顾性叙事的视
角以及第三人称人物的有限视角。这三重聚焦眼光在此段中
分别为：第一重眼光是匿名聚焦者或叙述者昆丁看见自己在
罗莎小姐家与她交谈的情景。此部分并非是全知全景的视角，
因为叙述者并不能获知故事的全部信息，不是高高在上的俯
瞰叙述情景，而是有选择地将叙事空间呈现给读者。在叙述
空间定位之后，外部的匿名叙述者将故事转给人物叙述者昆
丁，用"在昆丁看来"进行叙述的过渡，从而进入第二重内
外双重聚焦眼光。因此第二重是回顾性的眼光，暗含了昆丁
回忆往事的内容。第三重是最外围的眼光，是昆丁告诉施里
夫他当时对父亲康普生先生讲述去罗莎小姐家的情景。在这
重重交织的三个层次的眼光中，聚焦者昆丁既是人物叙述者，
成为内聚焦眼光；又是观察者，处于故事的边缘，成为外聚

① ［美］威廉·福克纳：《押沙龙，押沙龙！》，李文俊译，上海译
文出版社2000年版，第1页。

焦眼光；同时他还运用自己的双重眼光（bifocal），即作为叙述者和作为故事人物，成为事件的参与者，在叙述、观察中与萨德本的故事"汇合、交叉、并置，甚至超越视角的内外限制，类似全知视角，在给读者造成知觉混乱的同时提醒读者注意不同寻常的聚焦方式"。① 昆丁回顾性眼光和事件参与者的眼光交叉、重合，而故事的叙述视角也从有限全知的外视角转为第三人称人物有限视角。

接下来的叙述是由人物叙述者昆丁讲述的，他的阴郁眼光以及其作为南方人的特殊身份使得其叙事视角带有明显的悲观色彩，具有昆丁个人经验的主观经验的痕迹，可以看一个例子：

> 而在昆丁对面，科德菲尔德小姐穿一身永恒不变的黑衣服，她这样打扮到如今已有四十三年，究竟是为姐姐、父亲还是为"非丈夫"，没人能说得清楚。她身板笔挺，坐在那张直背硬椅里，椅子对她来说过于高了，以致她两条腿直僵僵地悬垂着，仿佛她的胫骨和关节是铁打的，它们像小孩的双脚那样够不着地，透露出一股无奈和呆呆的怒气，她用阴郁、沙嘎、带惊愕意味的嗓音说个不停。②

这段叙述中是由昆丁作为聚焦者来讲述的，是典型的人

---

① 代晓丽：《福克纳小说叙事修辞艺术》，中国社会科学出版社 2014 年版，第 55 页。
② ［美］威廉·福克纳：《押沙龙，押沙龙!》，李文俊译，上海译文出版社 2000 年版，第 2 页。

物有限视角外聚焦，其中并没有透视罗莎小姐的内心活动，因此表明了昆丁作为第三人称叙述者其视角受到其观察位置的限制。"在昆丁对面"这个提示语，表明作为人物的昆丁已经由被聚焦者的位置转变为自己内心的聚焦者。因此，此段叙述明显带有昆丁的主观色彩，一些用词都是昆丁自己情感的流露，如"无奈和呆呆的怒气"以及"永恒不变的黑衣服""身板笔挺""两条腿直僵僵地"等对罗莎外表的描述都不是外聚焦者的中性用语而是昆丁作为内聚焦观察者的主观用语，带有昆丁对罗莎的主观评价：刻板、保守、倔强等性格特征。再看一个关于萨德本描述的例子：

> 淡淡的硫黄气味还留存在他的头发、衣服和胡子上，而在他身后簇拥在一起的则是他那帮野性十足的黑鬼，像半驯化得能跟人一样直立行走的野兽，神态既狂野又镇定自若，在他们当中则是那个上了手铐脚镣的法国建筑师，神情严峻，面容憔悴，衣衫褴褛。那个坐在马背上的人一动不动，蓄着胡子，一只手掌向上平举；在他后面那群野黑人和被俘的建筑师不声不响，挤着一团，在不流血的自我矛盾中扛着用于和平征服土地的铲子和斧子。[1]

此段中"淡淡的硫黄味"不是视觉物而是感知物，在昆丁的描述中出现这种无形的感官描述使得他突破了有限的视

---

[1] ［美］威廉·福克纳：《押沙龙，押沙龙!》，李文俊译，上海译文出版社 2000 年版，第 2—3 页。

角而具有了全知的视角，表明了他对萨德本故事背景的了解，显示了聚焦者的个人经验和理解对读者认知有巨大的影响力。此外，罗莎的主观感性的讲述和父亲康普生先生看似客观理性的讲述交叉、重合，在昆丁的讲述中留下了不可磨灭的影子。在对萨德本的黑奴的描述中，也带有叙述者昆丁的经验和态度，比如他用"那帮野性十足的黑鬼"来指称黑奴，因为在他的经验中，黑奴大多是像迪尔西那样对主人尽忠的忠仆形象，代表的是南方那些被白人种植园主奴隶化了的黑人。而萨德本的黑奴却是充满了野性，这种对比表明了种植园主对待黑人的态度。

小说的叙述视角及其聚焦方式除了受讲述者个人经验、认知、情感等因素影响之外，更重要的是，还会映射出作者本人的价值观和意识形态等内层心理。文中福克纳对黑人的描述，可以窥见他对黑人的总体态度：忠诚正直、坚韧果敢等美好品质。在小说《押沙龙，押沙龙!》中，福克纳对内战后南方社会上层白人的软弱无知、自私自利的批判可以从书中的人物的刻画看出端倪，比如昆丁的逃避现实，沉迷历史，肆意想象的视角，康普生先生的故作理性、愤世嫉俗、空虚空想的男权主义的视角以及罗莎偏执、狭隘的视角等，都是他对南方人保守、狭隘、沉迷过去、惧怕未来的生活态度的无情揭露。各个视角之间的交织、重叠又使得小说的叙述视角呈现出立体、多维度的特点，更好地阐明小说的内在含义以及作者对于社会、历史的态度。

3. 叙述声音

叙述者的声音及其语气对于《押沙龙，押沙龙!》的故事主题和人物塑造具有举足轻重的作用。叙述者的声音与人物的对话、个人的独白构成了多声部、众声喧哗的叙事局面，是对巴赫金复调理论的经典运用。其中，罗莎小姐自我申辩意味的叙述、康普生先生的反讽叙述、昆丁和施里夫之间的对话都是叙述声音话语功能的极大体现。此外，小说《押沙龙，押沙龙!》的叙述声音蕴含了丰富的言外之意，还显示了小说语言叙事的复调特点。

　　复调理论是俄国文艺理论家巴赫金最早提出的，他借助音乐术语中的"复调"① 概念，将其用于分析小说的结构，创造出一种全新的文学批评理论和批评视角，从而丰富了文学批评的理论，扩大了文学批评的视野。运用复调小说理论来研究文学作品，一是可以从语言学的跨学科角度来考察文学作品，从而赋予文学批评理论以坚实的理论基础；二是可以更好地把握小说中人物的性格特征、思想活动变化以及人物之间、人物和作者、读者之间错综复杂的关系。巴赫金的复调小说理论有两个要点：一是复调是由众多各自独立而不相融合的声音构成；作者和人物是地位平等的意识，且相互辩论而不融合于统一的一个声音。二是复调小说中不同的声音保持各自的独立，众多独立的声音和意识结合起来形成事件，构成复调结构的艺术意志。② 因此，理解复调小说的关键是接受主人公拥有自我独立的意识，主人公和主人公之间、主人公和作者之间、作者和读者之间存在着平等的对话关系。相较于作者掌控一切或者叙述者全知全能的传统独白型小说，

----

① 复调，也被称为"多声部"，是指由几个独立的音调或声部组成的曲式。

② ［苏］巴赫金：《陀思妥耶夫斯基诗学问题》，白春仁、顾亚玲译，三联书店1998年版，第29、50页。

复调小说的叙述视角更为广阔，众多独立而不融合的声音和意识平等地发表意见，进行辩论，因此具有更深厚的底蕴和更强的表现力。

在巴赫金看来，陀思妥耶夫斯基是复调小说的鼻祖，"陀思妥耶夫斯基是复调小说的创始者。他创造出一种全新的小说体裁。因此他的创作难以纳入某些框子，并且，不服从我们从文学史方面习惯加给欧洲小说各种现象上的任何模式"。① 可以说，从叙事角度来看，陀思妥耶夫斯基的伟大之处在于他打破了欧洲小说一直以来以作者为中心的独白式的叙事模式的传统，将人物、作者、读者等各种声音融合在一起，互相争斗、互相辩论、互相补充。巴赫金对陀思妥耶夫斯基的推崇在于其作品中，"有着众多的各自独立而不相融合的声音和意识，由具有充分价值的不同声音组成真正的复调"。② 作品中的人物"不仅仅是作者议论所表现的客体，而且也是直抒己见的主体"。③ 也就是说，作品中的人物不再只是供作者随意支配的玩偶、被动的客体，而是拥有独立灵魂和自主话语权的主体。

对于复调小说，巴赫金曾作出如下论述："相互极难调和的成分，是分成为几个世界的，分属于几个充分平等的意识。这些成分不是全安排在一个人的视野之中，而是分置于几个

① ［苏］巴赫金：《陀思妥耶夫斯基诗学问题》，白春仁、顾亚玲译，三联书店1998年版，第29页。

② ［苏］巴赫金：《巴赫金全集第五卷：诗学与访谈》，白春仁、顾亚玲译，河北教育出版社1998年版，第4页。

③ ［苏］巴赫金：《巴赫金全集第五卷：诗学与访谈》，白春仁、顾亚玲译，河北教育出版社1998年版，第5页。

完成的同等重要的视野之中；不是材料直接结合成为高层次的统一体，而是上述这些世界、这些意识，连同他们的视野，结合成为高层次的统一体，不妨说是第二层次，亦即复调小说的统一体。"① 此种说法可以应用在分析福克纳的几部最重要的作品中，包括《喧哗与骚动》和《押沙龙，押沙龙!》等。福克纳非常善于运用叙事声音将众多的意识结合起来并最终形成事件，正如卡提根纳尔所指出的，福克纳的"每一部都有一系列声音，它们就和句子的修饰成分一样，距离不等地悬在一个个单独的事件的边缘"。② 《押沙龙，押沙龙!》非常符合复调小说的基本特征，小说中的多视角以及多重叙事方式使得小说呈现出各种异质声音同台竞争的多声部结构特点。运用复调小说理论，读者可以发现福克纳在讲述故事时，通过借助叙述声音，"《押沙龙，押沙龙!》让一个虚构的故事在作者自身的质疑中获得话语层面的逼真性，其叙述声音构思上取得的突破是作者参照复调音乐的赋格曲式来组织叙事形式和节奏，使作品拥有不同寻常的乐感，因而具有较高的审美价值"。③

对话理论是巴赫金文艺理论体系的重要组成部分，在他看来，所有的话语在一定意义上都是对话性的。所谓对话，

---

① ［苏］巴赫金：《巴赫金全集（第五卷）：诗学与访谈》，白春仁、顾亚玲译，河北教育出版社1998年版，第18页。

② ［美］唐纳德·M.卡提根纳尔：《威廉·福克纳》，肖安博译，见埃默里·埃利奥特主编《哥伦比亚美国文学史》，朱通伯等译，四川辞书出版社1994年版，第741–758页。

③ 代晓丽：《福克纳小说叙事修辞艺术》，中国社会科学出版社2014年版，第99页。

并不是仅指表面意义上的两个人之间的面对面交流，而是被看作更为广泛意义上的存在的基本条件和构成方式。巴赫金认为对话性是一种各种价值相等、意义平等的意识之间"同意和反对的关系、肯定和补充的关系、问和答的关系"。① 其本质就是两种意识、两种观点、两种评价在一个意识和语言的每一成分中的交锋和交错，亦即不同声音在每一内在因素中的交锋。在具体的文本中，巴赫金认为大型对话和微型对话是实现复调小说的两种基本模式。大型对话不是表现在布局结构上的作者视野之内的客体性的人物对话——引号括起来的对白，而是一种对话关系，即结构上的对话。董小英认为，大型对话包括两层含义，一是"作品中反映出的人类思想的对话关系；二是作者与主人公的对话关系"。② 在大型对话的基础上，巴赫金进一步提出了微型对话的概念。"对话渗透到每个词句中，激起两种声音的斗争和交替，这就是'微型对话'。"③ 在复调小说中，微型对话比大型对话更为典型，因其主要体现在人物未终结的对话中，人物关系结构及人物意识结构中。微型对话有两种形式，一种是处于话语层面的双声语（double - voiced discourse），这是形式上体现出来的双声语。所谓双声语，是指语言"具有双重的指向——既针对言语的内容而发（这一点同一般语言是一致的），又针对

① ［苏］巴赫金：《陀思妥耶夫斯基诗学问题》，白春仁、顾亚玲译，三联书店 1998 年版，第 259 页。
② 董小英：《再登巴比伦塔——巴赫金与对话理论》，三联书店1994 年版，第 32 - 33 页。
③ ［苏］巴赫金：《陀思妥耶夫斯基诗学问题》，白春仁、顾亚玲译，三联书店 1998 年版，第 118 页。

另一个言语（即他人的话）而发"。① 还有一种是内容上体现出的微型对话——内部对话，即主人公内心的思想矛盾构成的内心独白（interior monologue）。

《押沙龙，押沙龙！》的叙述话语是由各个层次的对话组成的，因此可以运用巴赫金的对话理论进行阐释。小说中的大型对话指的是福克纳所代表的美国南方与美国北方的对话，以及南方人与所有非南方人和读者之间的对话。此外，小说名称来源于《圣经·旧约》中大卫王和其子押沙龙之间的故事，因此福克纳和《圣经》或以《圣经》为代表的文学源流之间也存在着对话关系。微型对话主义是小说中人物之间的对话，各个叙述者之间的对话，以及福克纳作为作者与故事中的人物之间就南方过去种种问题的对话。小说人物或叙述者的内心独白在《押沙龙，押沙龙！》中主要以叙述者和故事内核心层人物自我审视与内心冲突的形式加以体现。这些都表明了对话是复调小说的基础，对此，巴赫金有如下论述："复调小说整个渗透着对话性。小说结构的所有成分之间，都存在着对话关系，也就是说如同对位旋律一样相互对立着。要知道，对话关系含义要广得多；这几乎是无所不在的现象，渗透了整个人类的语言，浸透了人类生活的一切关系和一切表现形式，总之是浸透了一切蕴含着意义的事物。"②

在巴赫金看来，大型对话主要展示了"声音在叙事框架结构中所起的重要的作用"，而小说中的微型对话则"体现

① ［苏］巴赫金：《陀思妥耶夫斯基诗学问题》，白春仁、顾亚玲译，三联书店1998年版，第255页。

② ［苏］巴赫金：《巴赫金全集第五卷：诗学与访谈》，白春仁、顾亚玲译，河北教育出版社1998年版，第55－56页。

了作者的语言文体风格"。① 他认为作者和主人公以及其他人物之间也是一种对话关系，而不是一种掌控和讲述的关系。人物一旦出现在故事中，作者就再也无法掌控他们的思想了，最终的结局也是人物自己制造的。与陀思妥耶夫斯基的小说类似，福克纳的《押沙龙，押沙龙!》也同样充斥着大型对话和微型对话。大型对话中蕴含着无数的微型对话，而微型对话中的双声语也表明了每个声音里的争论和辩驳具有对话意味，同时也能反映出大型对话的框架。看下面的一个例子：

> 可是我可以开枪打他。而另一个声音说：不。那不会有好处。第一个声音说：那我们该怎么办呢？另一个说：我不知道；而第一个说：不过我可以开枪打他。我可以悄悄穿过那些灌木躺在那里等他出来躺在吊床里然后开枪打他；另一个说：不。那是一点儿好处也不会有的；而第一个说：那我们怎么办呢？而另一个说：我也不知道……他仅仅是躺在那里，与此同时两个对立面在他内心辩论，都是挨着次序说的，都很平静，甚至都朝后退了退以便更平静、更讲道理和不带火气：可是我可以杀了他的。——不。那不会有好处的——那这事我们该怎么办？——我不知道；他仅仅是听着，并不特别感兴趣，他说，听两方面在说却没有听进去。②

---

① 代晓丽：《福克纳小说叙事修辞艺术》，中国社会科学出版社2014年版，第107页。

② ［美］威廉·福克纳：《押沙龙，押沙龙!》，李文俊译，上海译文出版社2000年版，第232-233页。

　　这部分是少年萨德本在一个种植园门外受到一个黑奴门房的歧视而感到受到了奇耻大辱，进而展开的内心对话，两种意识对于是否杀死黑奴以泄愤进行了辩论，表明了其内心的激烈冲突。对话的一方采用弗吉尼亚山区山民处理冲突的方式——杀死羞辱他的黑人，这种方式简单暴力，而对话另一方则对此种方式及其效果产生了质疑，认为这样做不会有好下场。对话中的两个声音最终趋于平静和和解，表明对话使少年萨德本在思想上发生了质的变化，即萨德本从天真、蒙昧的状态中醒悟过来，对这个功利的、等级森严的、唯利是图的成人世界产生了强烈的征服欲望，最终形成了自己的宏伟规划（grand design），那就是不择手段地攫取财富从而进入那个曾经羞辱自己、歧视自己的世界。这其实是少年萨德本阶级意识的觉醒，也使其认识到社会的不公，进而找到自己人生的奋斗目标。他之后的不择手段、抛妻弃子等，都是他对社会统治阶级进行挑战、报复的手段，从而使其具有了古典悲剧英雄所具有的悲壮而豪迈的气概，其人生和性格也因而具有了悲剧英雄的高度渲染力。萨德本内心两个声音的对话属于巴赫金的微型对话范畴，但却代表和传递了美国社会的底层和弱势群体对上层和统治阶级的挑战及对话，表明了美国南方下层白人在艰难的生活困境中要求社会公平、公正的诉求，这又属于巴赫金的大型对话理论在《押沙龙，押沙龙!》中的运用。

　　昆丁与自己的对话以及他与其他叙述者之间的对话同样表明了福克纳小说对话主义的特点，这些对话无不体现了福克纳作为作者以声音和话语与过去的历史对话、与南方的对话以及与读者的对话。来看一个昆丁与自己对话的例子：

> 接着听觉会自我调整，他此刻像是在谛听两个各不相关的昆丁在交谈——一个是正准备上哈佛大学的昆丁·康普生，他在南方，那个从一八六五年起就死亡的南方腹地，那边挤满了喋喋不休怒气冲天大惑不解的鬼魂，他听着，不得不听着鬼魂中的一个告诉他往昔鬼魂时代的故事，这鬼魂比绝大多数鬼魂更加迟迟不肯安安分分地躺下来；还有另一个昆丁·康普生，他年纪太轻还没有资格当鬼魂，但尽管如此还是得必须当，因为他和她一样，也是在这南方腹地出生并长大的——这两个各不相关的昆丁如今正在"非人"的长期沉默中用"非语言"交谈着。

昆丁作为南方人的代表，对南方内战后战败的屈辱、经济的衰落、政治的一蹶不振，始终耿耿于怀，根本无法接受南方屈从于北方强大的政治、经济实力的现实，更不能接受南方一贯信仰的维多利亚时代精神支柱日渐崩溃，进而被北方的机会主义、功利主义取代的前景。从小便深受南方历史、文化、传统影响的昆丁对萨德本的故事深为着迷，因为萨德本的故事是他自小便深受影响的维多利亚时代英雄传说的具化，已经成为旧南方的传统，而昆丁便是与这传统一起长大的。因此，在昆丁的意识里永远都暗藏着与南方相关的故事和传说，这使得他无法像其他年轻人一样正常生活在当下而只能活在过去，成为历史重负的载体："他身体本身就是一座空荡荡的厅堂，回响着战败者的名姓；他不是一个存在、一个独立体，而是一个政治实体。他是一座营房，里面挤满了倔强的、怀旧的鬼魂。"① 选文中出现的两个昆丁实际上是昆丁的两种自我意识的斗争和交锋，一个是正常的昆丁，一个能够区分现在和过去，能够正确地将自己与过去历史上的人物和事件区分开来，并准备去北方上哈佛的昆丁。另一个是"当鬼魂"的非正常的昆丁，这个昆丁完全沉迷于南方的过去和历史而不能自拔，反复倾听并吸收旧南方的故事和传说，在精神上处于"非人"的状态。这两个昆丁之间的对话随时、随处可见，就像是对人物或事件的评说一样地存在于小说的叙事之中，是昆丁自我认识，认识他人以及认识南方的过程。

昆丁与小说的另外一个叙述者，哈佛室友施里夫之间的对话也表明了昆丁两个自我意识的相互对话和斗争。这两个意识之间时而发生尖锐的冲突，时而互相和解，昆丁"人"与"非人"的斗争一直在持续之中。在小说的结尾，施里夫和昆丁有这样一段对白：

> "现在我只需要你再告诉我一件事。你为什么恨南方？"
>
> "我不恨它。"昆丁脱口而出。"我不恨它。"他说。我不恨它，他想，在寒冷的空气里，在铁也似的新英格兰黑暗里大口喘气：我不！我不！我不恨

---

① ［美］威廉·福克纳：《押沙龙，押沙龙！》，李文俊译，上海译文出版社 2000 年版，第 6 页。

它！我不恨它！①

　　这段与施里夫的对话以及昆丁自我对白表明昆丁再次进入两种意识的挣扎斗争状态。这样的突然结尾让读者无法获知昆丁的自我认识结果，这也是作者福克纳故意为之的，目的是邀请读者进入对话，与文本叙述者、与人物、与作者进行对话，从而使小说呈现出一种开放性的结尾，以及无法穷尽的可能性。

　　小说的叙述者之一康普生先生是"内战后南方乡绅阶层的瓦解所导致的南方父权的衰落等社会现象。康普生就是一个终日无所事事、沉湎于酒精和虚幻世界里的旧南方绅士代表"。② 他的叙述声音非常有特色，具有古典戏剧独白式的舞台腔，传递着具有戏剧化意味的反讽。事实上，福克纳通过康普生先生来揭示美国南方普遍存在的父权制、男性至上、南方妇道观等传统思想对人们，尤其女性的禁锢和迫害。康普生先生的行事方式也说明了内战后一些南方白人男性面对生存困境时，表现出来的逃避主义意识，消极避世的态度。

　　康普生先生叙事的复调性主要表现在双声语（double－voiced discourse）上。他的对话通常蕴含多重对话关系，涉及多个听众。他多次使用"你明白吗""你想想看"等习惯用语来和儿子昆丁进行直接指涉性对话，同时他还在对话中植入虚无主义、悲观厌世等自我意识。来看一个康普生先生对

---

① ［美］威廉·福克纳：《押沙龙，押沙龙！》，李文俊译，上海译文出版社 2000 年版，第 366 页。

② 代晓丽：《福克纳小说叙事修辞艺术》，中国社会科学出版社 2014 年版，第 121 页。

儿子昆丁的一番言论：

> 也是人像我们一样，也是牺牲者像我们一样，
> 不过是不同环境下的牺牲品，更单纯一些，因此，
> 就整体而言，更高大一些，更具英雄色彩，那时候
> 的人物也因此更具英雄色彩，不那么侏儒化，不那
> 么过于复杂而是个性突出，胸怀坦荡，有一种痛痛
> 快快爱一回或死一回的天赋，而不是那种松松垮垮、
> 散掉了架的家伙，让人闭上眼睛一只胳膊一条腿地
> 从摸彩袋里摸出来、组装起来的，那时的人是一千
> 次厮杀和一千次婚媾与离异的发起者同样也是受
> 难者。①

康普生先生这段说给儿子昆丁的言语表明了他对旧南方
时期白人辉煌过去的无限羡慕以及对萨德本类型的英雄形象
的倾慕之情。借此他表达了自己对南方无法恢复过去荣光、
快意恩仇的遗憾，更多的是对自己无法成就英雄业绩、再续
英雄情结的抱怨和无奈。他把自己称为"牺牲者"，是因为
内战后的种植园主阶级，被他称为"松松垮垮、散掉了架的
家伙"，面对北方机械工业的入侵和蚕食，生存环境极其糟
糕，根本无法像旧南方绅士那样成就一番丰功伟业。在康普
生先生的叙述声音里，我们可以发现福克纳以康普生先生的
生存状态来指代内战后以种植园主阶级为代表的南方绅士阶

---

① ［美］威廉·福克纳：《押沙龙，押沙龙！》，李文俊译，上海译
　文出版社 2000 年版，第 81 页。

层的崩溃和瓦解。他们消极避世的生活态度和生活方式无暇他顾，根本无法承继旧南方英雄所承担的责任。所以可以看出福克纳在康普生先生的叙述声音中夹带了讽刺的声音，一方面故意让他夸大自己的重要性，另一方面又通过各种暗示降低他的重要性。他一方面试图说服自己，相信自己的实力；另一方面还努力说服儿子昆丁以及他想象中的听众来相信他所讲述的事件的真实性。这样，两个具有强烈反差的声音交织在一起从而产生了巨大的反讽的修辞效果，给读者留有想象和回应的空间。

其次，康普生先生叙事的反讽还表现在他的叙述声音里透露出的自相矛盾。比如，他虽明知南方的父权制和妇道观是造成罗莎悲剧的原因，因此他不遗余力地批判父权家长制以及束缚女性自由的妇道观；但是作为造成她悲剧的群体成员之一，他在自己的叙述中又不由自主地不时流露出自己作为男性的优越感，对以罗莎为代表的女性的处境以及她们的局限性持有恶意的嘲弄："这就是罗莎小姐所听说的。至于她怎么想那就没人知道了"① "这就是罗莎小姐所知道的一切。她不可能比镇民们多知道一点，因为那些知情人是不会告诉她的，就像他们不会告诉杰弗生镇或任何别的地方的任何人那样。"② 与把萨德本英雄化相对的，是康普生先生刻意将罗莎小姐鬼魂化的企图，比如在说到罗莎小姐偷窃她父亲店里的布料时，康普生先生虽没有确凿的证据，却采用了极其肯

<hr>

① ［美］威廉·福克纳：《押沙龙，押沙龙!》，李文俊译，上海译文出版社 2000 年版，第 71 页。

② ［美］威廉·福克纳：《押沙龙，押沙龙!》，李文俊译，上海译文出版社 2000 年版，第 72 页。

定的语气，"所以我相信她是偷来的。她肯定是偷的"。① 而与此相对的是，在讲述萨德本的故事时，他通常采用推测、不确定的语气，表明对萨德本故事的开放性解读。对于罗莎小姐的偷窃行为，康普生先生没有挖掘其"超越道德标准"的行为的个中原因，而是像其他南方父权制家长一样，对此流露出谴责和不屑的态度。这些都说明了以康普生为代表的南方白人男性冷漠无情、推卸责任、贬低女性、自视甚高的精神状态。男性有意识地试图消解以罗莎小姐为代表的女性叙事的声音，但是她们的声音还是透过男性的叙事声音折射出女性的反抗和斗争，这两股声音交织在一起，互相冲突，互不妥协，形成别具一格的叙事竞争格局。这也是福克纳小说试图通过声音之间的对话和争斗来揭示内战后美国南方白人男女之间不正常的意识和关系：男性的消极避世、男性至上主义；女性孤僻怪异、不甘被异化的痛苦挣扎。推而广之，这又何尝不是具有普适性的问题呢？

表面看来，康普生先生的叙事声音只是作者福克纳的叙述工具，充当罗莎小姐叙述的对应声音，但是仔细品味，其实他是福克纳作为南方绅士代表而塑造的一个人物形象，因此他的声音、他的话语代表了南方种植园主阶级在内战后百无聊赖、不思进取、一事无成但精神上又极其苦闷的精神状态。他们普遍受过良好的教育，言辞高雅，具有反思过去和当今的能力，但是对于他们而言最致命的却是缺乏行动的能力。这种无力和无能和他们精神上的丰富无疑形成了巨大的

---

① ［美］威廉·福克纳：《押沙龙，押沙龙！》，李文俊译，上海译文出版社 2000 年版，第 70 页。

反差，也给读者带来强大的冲击。正如康普生先生在叙事中采用的不确定的语气，以及经常使用的前后不一致的论调，都体现了作者福克纳对语言和客观世界之间纷繁复杂的关系的疑虑和思索。

在《押沙龙，押沙龙!》的叙述双声语中，还包含巴赫金所提出的申辩体：暗辩体（或称隐性辩论修辞体）和明辩体（或称显性辩论修辞体）。前者主要出现在康普生先生的叙述声音之中，而后者则以罗莎的叙述声音为代表。首先我们先来看看暗辩体和明辩体的区别：

> 　　明显的辩论是直截了当反驳他人的语言，把他人的语言作为自己表现的对象。而在暗辩体中，语言针对的是一般的对象物，称述它，描绘它，表现它，只是间接地抨击他人的语言，好像是在对象身上同他人语言交起锋来。由于这个原因，他人语言开始从内部影响作者的语言。因此，就连暗辩体语言，也是双声语。当然两个声音的相互关系在这儿有它的特殊性。这里，他人的思想并不亲自进入语言内部，而只是反映在其中，左右着语言的语调和含义。[①]

巴赫金认为隐性辩论在文学作品中普遍存在，"暗辩体语言，是一种向敌对的他人语言察言观色的语言；它无论在实际的生活语言里，也无论在文学语言里，都极为普遍，对于

---

① ［苏］巴赫金：《巴赫金全集第五卷：诗学与访谈》，白春仁、顾亚玲译，河北教育出版社1998年版，第260页。

体式风格形成具有重大意义。在实际生活语言中，'旁敲侧击'的话语，'话里带刺'的语言，都属于这一类"。① 在《押沙龙，押沙龙!》中，罗莎的叙述比较明显地带有申辩的意味，尤其以明辩体较为常用。下面罗莎向昆丁讲述的一番话是比较明显的明辩体的例子：

> 不。我并不为自己辩护。（1）我不以青春年少作辩解，因为一八六一年以来，南方哪有什么活物，男人女人黑人或是骡子，有时间与机会不但自己青春年少过，而且听说过那些青春年少过的人谈起青春年少是怎么一回事呢。我也并不为有机会接近来作辩解：不以这样的事实来作辩解，那就是，我当时是个妙龄少女，正当婚嫁之年，又赶上我在正常状况下能结识的青年男子大多已战死于失败的疆场，而我跟他在同一屋顶下生活了两年。（2）我不以物质需要来作辩解：事实是，作为一个孤儿一个女人和一个穷人，我自然会向我唯一的亲戚：我已故姐姐的家人，不是乞求保护而是径直索取食物：虽然任何人若是要对我加以指责我都会不服的，我，一个二十岁的孤女，一个无钱无势的弱女子，被迫靠那男子的食物来活命，从而接受他正儿八经的求婚，不仅是想望摆正自己的位置而且还是为了维护一个家庭的荣誉，这个家庭中的女子的好名声是从未受

---

① ［苏］巴赫金：《巴赫金全集第五卷：诗学与访谈》，白春仁、顾亚玲译，河北教育出版社1998年版，第260页。

过指摘的。（3）而最最重要的是，我并不为自己辩护：一个浩劫余生的年轻女子，她的双亲、安全感以及别的一切都在这场浩劫中被夺走，她见到的生活对她来说意味着一切统统变成废墟，坍倒在某几个人物的脚下，他们外形像人却有着英雄的名声与地位……①

罗莎小姐在这段叙述中，反复提及的一点就是"我并不为自己辩护"，但是这种明辩体反而具有强烈的辩论和呐喊的意味。其实她的申诉不仅是对自己悲剧命运的哀怨，更多的是对南方全体男性的控诉，引申开来，就是对南方男性无视女性生存权利的抗议，是对造成南方女性悲惨生活的南方父权制和妇道观的控诉。昆丁在听到罗莎小姐的叙述后，感觉到了以罗莎小姐为代表的女性发出的震撼人心的呼喊，正如小说中所表述的，"而且说不定它（那话音，那讲述，那令人难信并无法容忍的惊愕）在往昔甚至曾是一声吼叫呢，昆丁想，那是很久以前，当时她还是少女——是青春的、不屈不挠毫无遗憾的吼叫，是对走投无路的处境与狂暴的事件表示控诉的吼叫"。② 实际上，在小说解读意义上而言，罗莎叙述声音里的辩白不仅是为她自己，也是为自己家族，更是为南方女性的申辩。她一方面是对造成南方女性长期遭受压迫、践踏的父权制的控诉，另一方面也是对南方白人男性的消极、

---

① ［美］威廉·福克纳：《押沙龙，押沙龙！》，李文俊译，上海译文出版社 2000 年版，第 13 页。
② ［美］威廉·福克纳：《押沙龙，押沙龙！》，李文俊译，上海译文出版社 2000 年版，第 9 页。

不作为的指控。罗莎因萨德本而长年过着与世隔绝的日子，这种封闭状态使得她不自觉地将自己视为社会、大众的对立面，是别人眼中的"他者"。因此，从此段叙述中可以看出她的话语有明显的针对性，甚至直指那些可能对她提出反驳的人，其叙述的对话性显而易见。

罗莎表面说是不为自己辩护，其实每个分论点中都是对自己所作所为的申辩，同时也是对萨德本及其所代表的体制的控诉。她在申辩的过程中，虽难免有急于洗白的迫切，常年遭受冷遇的愤懑，还掺有南方淑女的矜持和骄傲，但总体而言，她的申诉条理清晰，理由充分且逻辑性强。因此，在对话者昆丁或读者听来，非常具有说服力。此外，她选择昆丁作为自己的倾听者具有重要的意义，因为她认为昆丁作为名门世家的继承人，身份高贵，是现实世界中具有影响力的人物。如果昆丁认同了自己的观点，那么自己常年遭受的委屈和歧视就有了被洗刷的可能，而自己也就有可能得到一直逃避的那个世界的理解和认可。最终，她的叙述的确起到了她预期的效果：昆丁夜晚陪她一起去萨德本的旧宅探明情况，并在之后与室友施里夫的对话中，对施里夫又产生影响，真正严肃认真地共同探讨罗莎与萨德本事件的前因后果。更引人关注的是，罗莎在为自己进行申辩的同时也是为以姐姐埃伦为代表的所有受压迫、受迫害的南方女性的申辩，而作者福克纳也借此表明自己的观点和态度，帮助读者更好地理解小说的内涵和主题。

罗莎作为南方女性形象的代表，其申辩中对爱的渴求也是很多人一生所追寻的，因为这是支撑生命和世界的重要支柱和力量。其实，罗莎所苦苦寻求的也正是美国人以及全人类都在寻求的东西，那就是爱——异性之爱、兄弟姐妹之爱和父母长辈之爱。但是在内战后的南方，人们的精神遭受重创，无力爱人，加上父权制下的南方特殊的社会环境剥夺了人们爱的权利和机会，这些都导致了人们之间爱的严重匮乏。从这个意义上说，这就是造成罗莎及其他南方女性人生悲剧的根源。因此，罗莎叙述中所进行的申辩可以说是福克纳赋予她的一项使命，即借人物之口来指控战争给南方社会和南方人所带来的苦难和人生悲剧。由此可见，罗莎为自己和南方女性的申辩其实就是福克纳为自己、为自己的家乡的申辩以及造成家乡恶劣生存环境的战争和父权制的控诉。

（二）从神话原型角度解读

神话故事主要讲述的是神的故事以及神和人类中的英雄一起形成的传说，希腊神话故事是神话故事中非常重要的一个组成部分。小说《押沙龙，押沙龙!》中的乱伦原型就是来自于希腊神话中的俄狄浦斯王的故事。拉伊俄斯是忒拜国王拉布达科斯的儿子，他幼年丧父，监护人也被政敌杀害，所以无奈投奔了珀罗普斯，成为他的儿子克律西波斯的家庭教师。可是拉伊俄斯爱恋上了美少年克律西波斯，将其诱拐并导致其死亡。这样，因为拉伊俄斯背叛了自己的恩人，所以珀罗普斯将"会被自己的儿子杀死"的诅咒施给了拉伊俄斯。

拉伊俄斯最终回国成为忒拜国王，后与伊俄卡斯忒结婚。对这个"将被自己的儿子杀死"的预言和神谕感到万分恐惧的拉伊俄斯为了避免子嗣的降生，一直回避和妻子伊俄卡斯忒结合。但拉伊俄斯在某日醉酒之后和伊俄卡斯忒的一夜交合，导致了俄狄浦斯的降生。拉伊俄斯把刚出生的婴儿抛到喀泰戎的荒山中，要将这个他根本没有为其命名的儿子杀死。

可是，拉伊俄斯的儿子被牧羊人解救下来，并因受伤的双脚被命名为"肿胀的脚"，即俄狄浦斯。他成为忒拜的邻国科任托斯国没有子嗣的国王波里玻斯和王后墨洛柏的养子。在王宫中被当作亲生儿子抚养成人并被定为王位继承人。俄狄浦斯长大后，因为德尔菲（Delphi）神殿的神谕说，他会弑父娶母，不知道科林斯国王与王后并非自己亲生父母的俄狄浦斯，为避免神谕成真，便离开科林斯并发誓永不再回来。这时在忒拜城内，为了惩治拉伊俄斯对克律西波斯所犯下的罪行，希腊神界的女王赫拉送来了狮身人面的女妖斯芬克斯，全城正陷入极度的恐慌之中。忒拜国王拉伊俄斯希望通过神谕找到击退斯芬克斯的方法，在走向特尔斐神庙的途中，与朝着忒拜城方向行走的俄狄浦斯狭路相逢。国王拉伊俄斯粗暴地命令俄狄浦斯让路，俄狄浦斯盛怒之下与拉伊俄斯争斗，最后将其杀死。当然他并不知道杀死的就是自己的父亲。俄狄浦斯进入忒拜城之后，破解了斯芬克斯的谜语，使得女妖在羞愧中自尽。拯救了忒拜城的俄狄浦斯受到人民的推崇被选为国王，按照习俗与失去了丈夫拉伊俄斯的王后伊俄卡斯忒成婚，于是应验了他将"弑父娶母"的神谕。由于俄狄浦斯在不知不觉间犯下了"弑父娶母"的大罪，瘟疫和饥荒降临到了忒拜城。在先知提瑞西阿斯（Tiresias）的揭示下，俄狄浦斯才知道他是拉伊俄斯的儿子，终究应验了他之前"弑父娶母"的不幸命运。震惊不已的伊俄卡斯忒羞愧地上吊自杀，而同样悲愤不已的俄狄浦斯，诅咒自己的眼睛竟然看到这样一幅景象，他用胸针刺瞎了自己的双眼，自愿被放逐出国。他和母亲乱伦生下的两个儿子也为争夺王权而兄弟相残，成为俄狄浦斯王悲剧不可抗拒的命运结局。

在俄狄浦斯王的神话故事中，他一直都在试图打破"神示"的预言，但最终却反而落入注定要发生的命运之中。可以说，俄狄浦斯王的乱伦是在不知情的情况下因报应而发生的，而与此相对照的是，小说《押沙龙，押沙龙!》中邦恩的乱伦是为了得到父亲萨德本的承认而自己故意为之的选择。借此，福克纳想要向读者表明的是，美国旧南方道德沦落已经到了骇人听闻的程度，即人们对于血统纯正的关注远远超过了对于乱伦的批判。此外，在某种程度上，福克纳对萨德本父子形象的刻画也是仿效神话故事中的原型拉伊俄斯和俄狄浦斯王而塑造的。首先，两个故事里的儿子都不被父亲所认可，被抛弃，最终都落得个悲惨的结局。其次，两位父亲都是因为个人的罪孽而导致了下一代的惨剧。拉伊俄斯冒犯了神而遭到诅咒，而其子俄狄浦斯王却是无辜受牵连导致人生悲剧，表达了人在无情的命运面前的无助感。小说《押沙龙，押沙龙!》中的萨德本为了实现自己的宏伟蓝图，因为血统之故抛妻弃子，犯下不可宽恕之罪。查尔斯·邦恩遭到父亲萨德本的抛弃后，为其母的复仇心理所利用，最终成为这场争斗的牺牲品。最后，两位父亲都是自私自利的不负责任的反面形象。一个是为了预言的实现不惜将儿子抛弃野外，最终还是被儿子无意中杀死；一个是为了个人的私利挑拨兄弟相残，最终自己命丧他人之手，宏伟蓝图付之一炬。

赫拉克勒斯是希腊神话中最伟大的英雄之一，是主神宙斯与阿尔克墨涅之子，属于半人半神。他神勇无比、力大无穷，后来他完成了十二项被誉为"不可能完成"的任务。除此之外，他还解救了被缚的普罗米修斯，隐藏身份参加了伊阿宋的英雄冒险队并协助他取得金羊毛。赫拉克勒斯英明一世，却最终遭宙斯之妻赫拉的迫害，难耐痛苦而自焚身亡，死后升入奥林匹斯圣山，成为大力神。在今天的西方世界，赫拉克勒斯一词已经成为大力士和壮汉的同义词。萨德本的创业故事类似于希腊神话中赫拉克勒斯的故事。他可以说是旧南方英雄形象的化身，他冷酷无情，意志力坚强，创立了"萨德本百里庄"，完成了众人看来不可能完成的伟绩，成为旧南方传统的捍卫者和旧南方传说的代表人物。

此外，也可以在小说中找到模仿希腊神话中播种龙齿的故事的痕迹。卡德摩斯是古希腊神话中的英雄，是腓尼基王子。他的姊妹欧罗巴失踪后，父亲派他和弟兄们四处寻找。他来到德尔斐，神示让他停止寻找，尾随他离庙后将会遇到的母牛，在母牛停下的地方定居。他遵照神示，来到彼奥提亚，修建卡德摩亚堡（后发展成忒拜）。建堡之前，他被迫和战神所生的巨龙交战，将它杀死，并遵照雅典娜的劝告，拔下它的牙齿，播进地里。从龙牙中长出一些武士——斯帕托斯（意为"播种下去的人"），他们自相残杀，最后剩下五人，帮助建起了卡德摩亚堡，成为忒拜名门的始祖，而卡德摩斯则成为卡德摩亚堡的统治者。《押沙龙，押沙龙!》中萨德本为了建立自己的庄园，并保持自己伟业血脉传人的纯净性，他不惜抛妻弃子，上演兄妹乱伦，并利用儿子亨利杀死有黑人血统的儿子邦恩的手足相残的悲剧。

萨德本是旧南方捍卫奴隶制的得力干将，为了自己的伟业后继有人，他引诱穷白人琼斯的孙女，在其未能生下男性继承人后对其进行言语的侮辱，最终激怒琼斯，忍无可忍之下将其杀死。对于萨德本的死，小说的一个叙述者施里夫将其与阿伽门农的死进行了对比，认为两者之间有很大的相似性。阿伽门农（意为"坚定不移"）是希腊迈锡尼国王，希腊诸王之王，阿特柔斯之子。特洛伊战争是因为他想称霸爱琴海，他的弟弟墨涅拉俄斯的妻子海伦被特洛伊的王子帕里斯拐走只是导火线，在战争中，他也成为希腊联合远征军统帅。战争胜利后，他顺利回到家乡，然而他的妻子克吕泰涅斯特拉对于阿伽门农在出征时因得罪狩猎女神阿耳忒弥斯而以长女伊菲革涅亚献祭之事怀恨在心，便与情人埃癸斯托斯一起谋害了他。

萨德本的前妻遭到遗弃后，为了报复，她把两人的儿子邦恩精心培养后送回到美国，与萨德本的第二个儿子亨利相遇、相知、相交，但最终复仇的结局却是搭上了儿子的性命。在这里，儿子成了母亲复仇的一颗棋子，而失去了母子应有的温情。小说的这个情节可以类比希腊神话中美狄亚弃妇复仇的故事。美狄亚是希腊的科尔基斯王埃厄忒斯的女儿，亦是受过魔术之女神赫卡忒教导的巫女。因为女神阿佛洛狄忒，美狄亚被施下了爱上率领阿尔戈号的伊阿宋的诅咒，企图和伊阿宋一起逃亡国外。她更为了困住追踪过来的父王的船，做出将弟弟大卸八块，将尸骸撒到海里这种暴行。美狄亚因此失去可以回归的故乡，开始被人们蔑视为"魔女"。其后美狄亚为了让心爱的伊阿宋坐上王位，不断用魔术和谋略杀死敌对者；但对其做法感到厌烦的伊阿宋，逐渐变得讨厌她。不久伊阿宋移情他人，并生下子嗣；但是美狄亚心存报复之心。她将他的新婚妻子和孩子都用魔术杀害，失意的伊阿宋也凄惨地结束了一生。

由此可见，希腊神话大多彰显了男性英雄的伟绩，但很多时候是以牺牲女性为代价的，因此，展现了女性悲剧的源头。福克纳试图通过模仿神话原型来表达他对父权制、种族歧视、性别歧视等的谴责，也表达了他对南方女性、黑人等所遭受的苦难和歧视的深深同情。此外，人们之间缺乏亲情、心理扭曲的现象也是福克纳作品中特意探讨并希望引起读者关注的话题之一。从小说的内容及蕴含的意义来说，福克纳小说情节的构建、人物的塑造无不可以看出深受希腊神话故事原型影响的影子。通过借用、模仿希腊神话典故，福克纳成功地将古希腊的文化传统及其所代表的含义与南方主题相融合，创造出既能传承世界传统文化、又具有美国南方地方特色的小说，从而开阔并创新了小说的主题和内涵，并在形式上有所突破。小说中以萨德本家族为代表的南方世家的衰败和毁灭也因神话原型的借用而具有了深厚的文化渊源，带有浓厚的古典悲剧的意味，进而增强了其艺术感染力。

（三）从宗教角度解读

从宗教角度解读小说，书名即来自《圣经·旧约》以色列国王大卫王及其子押沙龙的故事。故事中既有冲突、杀戮，又有兄妹间的乱伦，当然，最重要的是，劝诫人们要听从上帝的指引、对上帝的忠诚，否则就会招致祸端。大卫年少时对上帝绝对服从，深得神的眷顾，助他成为开国之君。但之后，大卫娶妻众多，还做出了引诱人妇并借刀杀人的罪过，因此，神对他进行了惩罚。正如先知拿单所预言的："你既藐视我，娶了赫人乌利亚的妻子为妻，所以刀剑必永不离开你的家。"这就为日后暗嫩强奸同父异母妹妹他玛、押沙龙为妹妹报仇设下了线索。押沙龙得知亲妹妹被同父异母哥哥暗嫩奸污，并没有立即采取报复行动，而是寻找时机，最后置其于死地。这表明押沙龙报复心极强，心机极深，这也为他日后做出反叛父亲大卫的大逆不道之举埋下伏笔。杀死暗嫩的押沙龙遭到放逐，后来受人鼓动对父亲发起叛乱，并很快长驱直入，占领了耶路撒冷。但受到神眷顾的大卫慢慢反击，最终押沙龙及其叛军全军覆没。面对爱子的反叛，尤其爱子的死，大卫悲痛万分，表现出至深的父爱，感人肺腑。福克纳的小说《押沙龙，押沙龙!》取材于此，以大卫悲痛的呼喊儿子押沙龙的名字为书名，是通过大卫对儿子的深情来反衬小说中父亲萨德本对自己的儿子的冷酷无情。在内容上，福克纳借用《圣经》的神话模式对自己的作品进行创作，使得小说蒙上了一层浓厚的神话色彩和宿命感。

书中的几个主要人物都可以从《圣经》的这个典故中找到原型：萨德本的原型是大卫王；邦恩（查尔斯）的原型是暗嫩，亨利的原型是押沙龙，朱迪思的原型是他玛。以国王大卫为原型而塑造的萨德本是矛盾的混合体：一方面，他具有大卫王等神话人物的排除万难、实现目标的英雄气概；但是另一方面，他又是只专注于建立自己"王国梦"、满足个人私欲而践踏他人的恶魔形象。两个极端矛盾的特质统一于萨德本身上，说明了在南方奴隶制、父权制等制度下，人的本性受到扭曲而成为不择手段、只注重物质利益的伪英雄。萨德本生于一个贫穷的白人家庭，因在年少时期受到一个庄园主的看门黑奴的侮辱而产生了要建立自己的庄园、成为人上人的梦想。正如福克纳在文中所描述的萨德本当时的心态，必须得拥有"土地、黑鬼和一栋好宅子"。为此，他远赴西印度群岛去探险、建功立业。他娶了当地奴隶主的女儿而获取大量财富和奴隶，在发现妻子有可能有黑人血统时，为了保证自己王国血脉的纯净性，决然抛妻弃子，带领奴隶返回家乡。在家乡他买下大片土地，建成"萨德本百里庄园"，终于实现了建立自己的庄园王国的夙愿。为了使自己的王国代代相传，他精挑细选，选了当地一位名声良好、但家境困顿的南方淑女埃伦为妻，生了儿子亨利以及女儿朱迪思。

在镇上已经立足的萨德本似乎已经功德圆满，但随后正如《圣经·旧约》大卫王的故事中所预言的"刀剑永不离开你家"，萨德本家族也开始先后遭受重创。首先是被弃的儿子邦恩受其母的指使前来复仇，他试图通过和同父异母的妹妹朱迪思结婚来要挟萨德本以得到父亲的承认，但遭到拒绝。亨利虽然也知道邦恩的身份但依然支持他同妹妹的乱伦婚姻，但当萨德本告知亨利邦恩的黑人血统后，亨利的种族主义意识完全压倒了他对邦恩的友情以及对妹妹的爱。同父亲萨德本一样，为了维护家族血脉的纯正，他杀死了哥哥邦恩，并随后逃走，流落他乡。萨德本为了自己的"庄园梦"而利用自己的孩子互相厮杀、残害，因此他最终难逃惩罚。小说通过效仿《圣经》里的乱伦原型、手足相残原型以及上帝降罪的罪与罚原型，揭示了"旧南方沦丧的道德和种族主义下人性的泯灭"。[①] 同大卫王一样，萨德本在实现个人的梦想的过程中，置伦理、道德、他人于不顾，因此也必将同大卫王一样，终将以悲剧收场。福克纳通过运用神话原型和宗教原型，将故事置于更为广阔的历史和传说之中，让读者感受到小说中人物悲剧结局的必然趋势，同时也深刻揭示了以美国南方

---

① 袁秀萍：《威廉·福克纳批评与研究》，西南交通大学出版社2016年版，第106页。

为代表的现代人类因人性的缺失而导致的悲惨人生的生存状态。

通过借用希腊神话故事和《圣经》典故，福克纳将以萨德本为代表的南方种植园主家庭的颓败与古典文化和历史相结合，提升了其故事的经典性和必然性。小说《押沙龙，押沙龙！》讲述的不仅仅是发生在美国南方的故事，而是整个美国，乃至整个世界人类故事的微缩。在深刻反思南方的历史、文化、传统、制度等的基础上，福克纳在小说中表明了旧南方传统价值观的覆灭、南方种植园主家族的衰败是历史不可逆转的趋势。运用神话原型和《圣经》典故，小说成为古典神话传说的延续，从而更具有普适性。福克纳在小说中探讨的关于南方、人类、历史、未来的话题已经超出一般小说文本的范畴而上升至全世界、全人类发展及走向的高度。一方面，他的小说借用了神话原型和圣经典故而具有更深的含义和更强的艺术感染力；另一方面，小说同时也赋予神话和典故以新的意义，使其焕发出新的活力。从这个角度来说，这也是小说通过文本实现古今对话性的一个极好样例。

（四）从种族主义角度解读

种族主义是一种自我中心的态度，认为种族差异决定人类社会历史和文化发展，认为自己所属的团体，如人种、民族或国家，优越于其他的团体。种族主义起源于 19 世纪末，列强瓜分非洲的年代。当时非洲的资源（包括人力资源）被大量掳掠到欧美各国，这些人被当作奴隶售卖。种族主义从英文的表述来看，可分为两种情况：一种为 Racism，通常指基于种族的偏见、暴力、歧视与迫害，此字有时带有负面意义易引起争议；另一种为 Racialism，亦指种族主义，但较无负面意义。根据牛津英语辞典，种族主义（Racism）是一种认为一个种族里的每一个成员都具有某一种特定的品质或者能力，并以此区分人群及种族间优劣的信仰或者观念。

从社会学角度而言，一些社会学家把种族主义视为一种特权阶级体系。在大卫·韦曼（David Wellman）所著的 Portraits of White Racism 中，他将种族主义定义为"文化制裁的信念，不管意图为何，都因为少数种族的被支配地位而捍卫了白种人的优势"。① 也有社会学家将种族主义定义为每个社会阶层都运用的根据种族所定的族群特权的高度组织系统，并伴随着肤色或种族优越的高度发展意识形态。种族主义系统包含了（但并非局限于）盲从的成分。

伴随种族主义而来的，便是种族歧视。种族歧视是指根据种族将人们分割成不同的社会阶层从而加以区别对待的行为。在美国南方，其历史可以说就是黑人争取自由、平等，与种族主义、种族歧视进行抗争的历史。"作为美国南方社会各阶层最为敏感、最无法摆脱的现实，种族主义必然成为作家作品中无法回避的存在和话题。"② 福克纳作为其中最具代表性的一员，在其作品中贯穿始终的便是这条线索，即探讨南方人对黑人的态度以及种族主义对其行为、意识的影响。虽然对旧南方怀有深刻的南方情节，但是福克纳的人道主义精神和人文主义情怀使得他深深地意识到种族主义和奴隶制对南方人，包括白人和黑人的压抑和摧残，尤其造成了内战

---

① David Wellman. Portraits of White Racism. New York：Cambridge University Press，1993. p. X.

② 袁秀萍：《威廉·福克纳批评与研究》，西南交通大学出版社2016 年版，第 165 页。

后南方陷于崩溃的边缘、大批人的精神处于危机之中。这些主题在其作品中都进行了富有创造性的探讨和表达，也说明了南方人对历史和传统的思考。

小说《押沙龙，押沙龙!》以萨德本家族为代表的旧南方的颓败揭示了种族主义对南方及南方人的戕害。旧南方对待黑人及混血群体的残酷无情表明了南方旧道德观对人性的忽视及人性的泯灭，同时也展现了父权制下的种族主义对女性、对黑人和混血群体，甚至对整个人类的严重伤害。这部小说"可以说标志着他种族认识和创作思想的飞跃。这部近乎'百科全书式'的小说，具有恢宏的历史画面，对美国南方敏感而复杂的种族主义问题的探索上升到了前所未有的高度。'《押沙龙，押沙龙!》是对南方普遍存在的种族歧视制度的经典浓缩和深切关注。'萨德本家族的悲剧和衰落过程直接反映了批判种族主义的主题：萨德本家族的毁灭乃至旧南方解体的根本内因是种族主义。在探索南方衰亡的种种动因时，种族问题与黑人生存状态一直是福克纳直面的主题，犀利的道德探索笔锋直指奴隶制下的种族主义，小说塑造了众多典型的黑人形象，艺术地再现了旧南方的历史和现实。通过萨德本家族的衰亡历史，黑人作为社会边缘群体不被尊重、不被接纳的悲剧命运惊人地呈现在读者面前"。[①] 正如福克纳解释萨德本的覆灭时所指出的，"他违反了所有体面、荣誉、怜悯和同情的法则，因而受到了命运的报复"。[②] 而体面、荣

---

① 袁秀萍：《威廉·福克纳批评与研究》，西南交通大学出版社2016 年版，第 165 页。

② Frederick L. Gwynn, and Joseph L. Blotner, eds. Faulkner in the University, Virginia：The University of Virginia Press, 1959. p. 365.

誉、怜悯和同情是福克纳一直倡导的人类的美德。

黑人受到白人的奴役和虐待是有历史和宗教方面的根源的。根据《圣经·旧约》的记载，上帝用大洪水毁灭了地上所有作恶的人类，只剩下在上帝眼中行善的诺亚一家。之后，诺亚一家开始重新耕种生活，并学会了种植葡萄和酿酒。一次，诺亚酒醉后赤身睡去，他的二儿子含见到了就告诉了他的两个兄弟闪和雅弗。闪和雅弗拿着衣服倒退着进去给父亲盖上，背着脸不看父亲的赤身。诺亚酒醒后得知事情的经过，对含大为生气，就诅咒他的儿子迦南，"迦南当受诅咒，必给他弟兄作奴仆的奴仆"。① 对于这个故事，南方种族主义者认定黑人就是受诅咒的迦南的后人，因此，根据《圣经》中的说法，黑人就是白人的奴隶，命中注定。小说中就提及了种族主义者故意曲解这个故事，作为奴役黑人的手段和依据，从而达到为奴隶制开脱的目的。作者福克纳对此进行了针锋相对的批判。

从历史和传统的角度而言，南方最为关注的核心问题就是有关血统和种族的问题，因此，血统纯正的人才能获取较高的社会、阶级地位。与血统的纯正紧密相关的是婚姻，因为婚姻是实现血统纯正与否的一个非常重要的，甚至可以说是唯一的途径，因此，婚姻在血统划分中具有举足轻重的重要意义。正如李文俊在《福克纳评论集》中所指出的，"在这个（指美国就南方社会）社会里，阶级地位的优越性始终取决于严格的血统划分"。② 因此，血统对于种族主义者而

① 《圣经·旧约》：《创世纪》。
② 李文俊：《福克纳评论集》，中国社会科学出版社1980年版，第177页。

言，是维护其社会特权地位的重要依据，也是处理其他种族（主要是黑人）做出僭越之举的一条规则。

在小说《押沙龙，押沙龙!》中，萨德本因帮助海地的一个庄园主镇压黑人起义而娶了庄园主的女儿为妻，但是他无意中发现自己的妻子有黑人血统，于是就毫无解释、理所当然地抛妻弃子，返回家乡重建自己的白人纯种王国。萨德本的混血妻子在这场婚姻中完全没有任何发言权，不仅起初被其父当作谢恩之礼嫁给萨德本，而且在之后萨德本抛弃她时，她也只能接受被抛弃的命运。她唯一的生存动力就是向萨德本复仇，但潜意识中却是希望萨德本能够承认其子的身份，其实也就是承认自己的合法身份。但是，依据当时南方的法律，白人男子和黑人或混血女子的婚姻是没有任何法律依托的，可以由白人男子随意处置。不仅萨德本和其混血妻子的关系中可以看出混血女子的低微地位，在他们的儿子邦恩的婚姻中，邦恩其实也未能赋予其情妇任何法律认可的身份，因此，邦恩可以随意与朱迪思订婚而无须与其情妇离婚。很显然，萨德本的妻子及其儿子邦恩都是种族主义制度下的牺牲者，但是两人却又无意中充当了种族主义的帮凶。萨德本的妻子为了报复，用白人的行为方式来教育自己的儿子，但儿子却又以白人的态度来对待自己的情妇，最终为了自己的利益和目的而牺牲了情妇，做出和其父萨德本一样的抛妻弃子的罪过。此外，萨德本的妻子和邦恩的情妇在小说中都没有自己的名字，其实这也是福克纳的写作深意，以此来说明黑人，尤其是黑人或混血女人在种族主义制度之下完全没有身份、没有受到正常人应有的对待，只能像牲畜一样存在着，可以被随意处置，甚至买卖。这些都是种族主义及种族主义者对其他种族进行迫害的明证。

《押沙龙，押沙龙!》的书名源于《圣经·旧约》记载的关于以色列的首位国王大卫及其孩子们的故事。大卫王故事中涉及的兄弟相残、兄妹乱伦以及背叛、罪与罚等典故成为福克纳小说采纳的母题原型，并且在小说中对此类母题进行了深刻的探讨，使之上升到关涉全人类及其未来的层次，从而超越了文本的限制而具有了前所未有的前瞻性意义。正如荣格所指出的，"当原型的情境发生时，我们就像被一种不可抗拒的强力所操纵，这时我们已不再是个人，而是全人类的声音在我们心中回响"。① 此外，《圣经》的母题背景也为该小说超越一般历史题材的小说而成为经典之作奠定了历史和文学的基础。发人深省的是，小说虽借用了《圣经》故事的原型来深化作品的主题，但并没有局限于此，而且小说中的人物也并非是《圣经》典故的简单复制。比如萨德本虽与大卫王有相似之处，但不同之处也是非常醒目的。大卫王在听说爱子押沙龙在叛乱失败后被杀的消息后，痛哭失声："我儿押沙龙啊! 我儿，我儿押沙龙啊! 我恨不得替你死，押沙龙啊! 我儿! 我儿!"② 表明了作为父亲的大卫的爱子之情，也是大卫人情味的生动体现。相较之下，萨德本为了维护自己"王国"血脉的纯净，不惜挑拨利用儿子亨利杀死有黑人血统的儿子邦恩，其残酷无情暴露无遗，同时也暗含了其"王国"存在的基础终将崩塌。

其次，邦恩的原型是暗嫩，但是在福克纳在小说中对邦

---

① ［瑞］荣格:《心理学与文学》，江苏大学出版社 2015 年版，第120 页。
② 节选自《圣经·旧约》的《撒母耳记下》。

恩的塑造，性格更为复杂，其情绪渲染也更为逼真。他不惜冒着乱伦的风险来寻求父亲萨德本的承认，其绝望和疯狂可见一斑。在南方种族主义盛行的大背景下，他的悲剧结局更能发人深省。亨利也不是押沙龙的完全复制，亨利与邦恩关系亲密，甚至在得知后者的身份之后，依然协助邦恩与妹妹朱迪思的乱伦婚姻。但是当他得知邦恩的黑人血统后，他的表现跟其父萨德本一样，绝不允许一个"黑鬼"来玷污朱迪思这样的"南方淑女"，于是毫不犹豫地冷血杀死了邦恩。在亨利眼中，血统纯净远高于一切，"低贱的"黑人血统不配与"高贵的"白人血统相融合。如此相较之下，乱伦之过也不足为道了。为了维护南方淑女的贞操不被黑人血统污染，为了维护南方人的所谓"南方神话"，亨利选择了杀死亲人邦恩。

萨德本、查尔斯、亨利以及朱迪思之间的关系和纠葛反映了美国南方存在的一种畸形现象：他们能够容忍兄妹间的乱伦婚姻，却坚决不能接受白人、黑人种族间的婚姻，这正是福克纳对当时南方反人性做法的讽刺。萨德本的种族主义思想不仅造成了他个人的悲剧，更造成了他整个家族的悲剧。儿子亨利杀害兄弟的行为，也是受到萨德本种族主义思想的影响，无视人性，漠视伦理。正如文学研究者所指出的，"这部小说在整体结构上呼应了《圣经》故事的一个基本框架，反映了道德沦丧与良知丧失导致的人类悲剧"。[①] 由此，福克纳通过乱伦原型和兄弟相残的原型来揭示南方种族主义及其

---

① 杨彩霞：《20 世纪美国文学与圣经传统》，中国人民大学出版社2007 年版，第 89 页。

影响的可怕之处，说明种族血统禁忌是美国南方最不能容忍
的罪过，从而揭露了种族主义的丑恶之处。同时，小说借助
圣经原型故事说明了小说人物的悲剧不仅仅是个人的悲剧，
更是时代悲剧的缩影。

# 第四章　结语

福克纳可以说是美国文学史上最具代表性、成就卓然的作家，被称为"美国的莎士比亚"，还有评论家指出，"福克纳如今已经得到承认，被视为 21 世纪最强有力的美国小说家，明显地超越海明威与菲茨杰拉德，而且在包括霍桑、梅尔维尔、马克·吐温与亨利·詹姆斯——有些评论家也许会把德莱塞也算进去——在内的名家序列中占据一个与他们不相上下的位置"。① 可以说，福克纳的文学创作不仅是美国南方文学的发展过程中的一个里程碑，甚至代表着整个美国文学的顶峰。福克纳的文学天赋毋庸置疑，世人有目共睹，其作品所体现的无与伦比的独创性、表达的人道主义精神超越了种族、文化和时空的局限，成为全人类的宝贵财富。

福克纳本人经常说自己书写的是自己家乡那块"邮票般大小"的地方，并没有史诗般的鸿篇巨制，但他是一个关心

---

① 转引自袁秀萍：《威廉·福克纳批评与研究》，西南交通大学出版社 2016 年版，第 200 页。

国家、关心民生的人道主义者，因此，在其作品中会对一些敏感的社会、政治问题进行揭示，甚至是大胆针砭。通过对南方没落贵族家族的描绘实则是对南方历史与社会，甚至是对南方人的尖锐批判。但是，福克纳并没有满足于家乡的那片土地，他还借助对美国南方问题的探讨来引发人们对美国、对于整个世界普遍存在的问题的思考，提出了一些具有普适性的议题。这些都表明福克纳并不是像人们一度认为的游离于世外的地方性作家，而是一位忧国忧民、有社会责任感的作家。与其他同时代的作家相比，他不仅仅描述了人们对美国梦的追求或者美国梦破灭的悲剧，他的过人之处在于，他还揭示了人们在实现梦想的过程中对人性的抛弃和泯灭，以及最终实现梦想后的空虚和虚无。

作为一位典型的南方作家，福克纳对美国文学界的影响不仅仅局限于南方作家，他对后来的很多伟大作家都有不可磨灭的重大影响力。可以说，福克纳的影响以及跨越了地域的限制，对很多国家的作家都有深远影响，比如两位诺贝尔文学奖获得者，哥伦比亚的加西亚·马尔克斯和中国的莫言。对于这些受到福克纳影响的作家来说，福克纳的伟大不仅仅在于其独创性的写作手法和艺术技巧，更多是在创作内容和主题思想方面的无与伦比，而这些后来者便是福克纳艺术和主题的继承者。

如今福克纳去世已经半个多世纪，但是关于福克纳及其作品的研究仍然是文学理论界的显学，大有方兴未艾之势。各种文学理论层出不穷，从不同的角度对福克纳的作品进行解读。本书便是基于前人研究的基础上，将相关文学理论综合而成的一次尝试之举。对于福克纳的研究，最近几年比较具有突破性的理论便是叙事学理论。在西方，法国叙事学家热奈特的叙事学理论广为学界接受；在中国，主要以申丹为代表的叙事学理论更为有影响力。本书所采用的叙事学理论框架就是集上述两位大家的研究成果为一体的综合性的理论，主要从叙述视角、多角度叙事模式以及叙事结构中的外部叙述者三个方面对福克纳的小说《喧哗与骚动》进行阐释。对于另外一部作品《押沙龙，押沙龙!》，本书在叙事学基础上，又运用了巴赫金的"对话理论"来论证福克纳的复调性和对话性，从而增加作品的理解深度。其次，福克纳生于南方、长于南方，南方的历史、传统和文化在其作品中无处不在，尤其是南方人信奉的加尔文主义对福克纳本人也是影响至深。因此，本书从神话原型理论和宗教学角度来解读其作品《喧哗与骚动》和《押沙龙，押沙龙!》。运用神话原型理论和宗教理论来构建作品，能够深化作品的主题，超越了地方文学的局限而具有了永恒的经典性，同时还与历史、经典作品实现了跨越时代的对话。

福克纳在对待女性的态度方面曾受到很多评论家的批判，说他是一位"厌女主义者"，理由便是在他所塑造的大量女性角色中，不是荡妇就是妓女，或者是古板、刻薄、毫无温情和同情心的女人，没有一个是真正意义上的南方"贵妇"（南方淑女）。但也有人说他对女性是持同情态度的，对女性充满敬佩之情，正如他自己所表述的，"女人很了不起，她们比男人坚强"。① 在福克纳看来，南方维多利亚传统下的二元

---

① Doreen Fowler, "Introduction". Faulkner and Women: Faulkner and Yoknapatawpha 1985, p. vii.

对立必须被打破才能实现真正真实，或者说真相。本书在阐释福克纳的作品时，采用了女性主义理论来解读他对待女性的态度。此外，南方问题丛生的症结之一便是种族问题。在种族主义、种族歧视盛行的南方，福克纳本人对种族问题持何种态度确实发人深省。鉴于此，种族主义也是本书探讨、分析的重点方面之一。在分析福克纳作品中的种族主义问题时还同时与圣经原型和希腊神话原型理论相结合，更好地揭示种族主义在南方盛行的原因。

福克纳的作品中虽不完美，但是却真实地反映了现代社会中人们内心的种种冲突和矛盾，具有广泛的社会兼容性。对于福克纳成就之高度，可以引用一位评论家的精辟言论来说明，他就像是"美国南方的陀思妥耶夫斯基"。① 的确，二者在很多方面是非常相似：两人都是思想有深度的作家，都勇于尝试不同风格的写作手法进行文学创作。福克纳作品中的典型特征就是意识流和人物的内心独白，此外，多角度叙述和繁杂、晦涩的表达也都表明了他的与众不同。性格内向的福克纳善于倾听，乐于观察生活中的点点滴滴，并将听到和看到的素材与自己的想象力相结合，最终形成一个个视角和主题独特的关于南方以及人类的故事。这些故事汇聚在一起，激发了他强大的创作能力，铸就了他辉煌的约克纳帕塔法王国，也为我们读者打开了一扇通往永恒的大门。

---

① Richard Gray, "William Faulkner and the Human Subject", Donald M. Kartiganer and Ann J. Abadie. Faulkner and Ideology：Faulkner and Yoknapatawpha, 1992. Jackson：University Press of Mississippi, 1995.

# 参考文献

## 英文文献

Bleikasten, Andre. The Most Splendid Failure: Faulkner's "The Sound and the Fury". Bloomington: Indiana University Press., 1976.

Blotner, Joseph. L. Faulkner: a Biography. New York: Random House, 1974.

Cowley, Malcolm. The Portable Faulkner. New York: Penguin Books, 2003.

Davis, Thadious M. Faulkner's "Negro": Art and the Southern Context. Baton Rouge: Louisiana State University Press, 1983.

Fant, Joseph L., Ashley, Robert. Faulkner at West Point. New York: Random House, 1968.

Faulkner, William. "Funeral Sermon for Mammy Caroline Barr, 1940." William Faulkner: Essays, Speeches & Public Letters, edited by James B. Merriwether, New York: Random House, 1965.

Faulkner, William. Soldiers' Pay. New York: Liveright, 1996.

Faulkner, William. Mosquitoes. New York: Liveright, 1997.

Faulkner, William. Selected Letters of William Faulkner. Edited by Joseph L. Blotner. New York, 1997.

Faulkner, William. The Sound and the Fury. New York: The Modern Library, 2012.

Faulkner, William. Absalom, Absalom! . New York: The Modern Library, 2012.

Faulkner, William. "Introduction" to The Sound and the Fury. In Andre Bleikasten, ed. , William Faulkner's The Sound and the Fury: A Critical Casebook. New York: Garland, 1982.

Fowler, Doreen, and Ann J. Abadie. Faulkner and Race. Jackson: University Press of Mississippi, 1986.

Fowler, Doreen. Faulkner and Women: Faulkner and Yoknapatawpha 1985. Jackson: University Press of Mississippi, 1984.

Gray, Richard. "William Faulkner and the Human Subject", Donald M. Kartiganer and Ann J. Abadie. Faulkner and Ideology: Faulkner and Yoknapatawpha, 1992. Jackson: University Press of Mississippi, 1995.

Gwynn, Frederick L. , Blotner, Joseph L. Faulkner in the University. Virginia: The University of Virginia Press, 1959.

Jelliffe, Robert A. ed. Faulkner at Nagano. Tokyo: Kenkyusha, 1956.

Jelliffe, Robert A. Obscurity's Myriad Components. New Jersey:

Associated University Press, 2001.

Massa, Ann. American Literature in Context, IV, 1900—1930, London: Routledge Kegan & Paul, 1982.

Meriwether, James B. and Michael Millgate, eds. , Lion in the Garden: Interviews with William Faulkner 1926—1962. New York: Random House, 1968.

Prince A. Dictionary of Narratology. Nebraska: Lincoln University of Nebraska Press, 1987.

Railey K. Natural Aristocracy: History, Ideology, and Production of William Faulkner. Tuscaloosa and London: The University of Alabama Press, 1973.

Vople, Edmond L. . A Reader's Guide to William Faulkner, New York: First Noonday Press, 1964.

Wasson, Ben. Count no'Count, Jackson: University Press of Mississippi, 1983.

Wellman, David. Portraits of White Racism. New York: Cambridge University Press, 1993.


# 中文文献

《圣经》，中国基督教协会 1995 年版。

［英］T. S. 艾略特：《基督教与文化》，杨民生、陈常锦译，四川人民出版社 1989 年版。

［苏］巴赫金：《巴赫金全集第五卷：诗学与访谈》，白春仁、顾亚玲译，河北教育出版社 1998 年版。

［苏］巴赫金：《陀思妥耶夫斯基诗学问题》，白春仁、顾亚玲译，三联书店1998年版。

［美］达维德·敏特：《圣殿中的情网——小说家威廉·福克纳传》，赵扬译，生活·读书·新知三联书店1991年版。

［美］戴维·明特：《骚动的一生——福克纳传》，顾连理译，知识出版社1994年版。

代晓丽：《福克纳小说叙事修辞艺术》，中国社会科学出版社2014年版。

［美］丹尼尔·J. 辛格：《威廉·福克纳：成为一个现代主义者》，王东兴译，黑龙江教育出版社2015年版。

董小英：《再登巴比伦塔——巴赫金与对话理论》，三联书店1994年版。

董丽娟：《狂欢化视域中的威廉·福克纳小说》，南开大学出版社2004年版。

葛纪红：《跨越时空的叙事》，江苏大学出版社2015年版。

焦明甲：《论"原型批评"理论的历史贡献及其理论局限》，载《长春大学学报》2002年第12期。

［美］杰伊·帕里尼：《福克纳传》，吴海云译，中信出版社2007年版。

［美］D. L. 卡莫迪：《妇女与世界宗教》，徐均尧译，四川人民出版社1989年版。

［美］凯特·米利特：《性政治》，钟良明译，社会科学出版社1999年版。

［法］拉康：《拉康选集》，褚孝泉译，上海三联书店2001年版。

老舍：《老舍文集》（第15卷），人民文学出版社1995

年版。

李文俊主编：《福克纳评论集》，中国社会科学出版社1980年版。

［法］热拉尔·热奈特：《叙事话语——新叙事话语》，王文融译，中国社会科学出版社1990年版。

［瑞］荣格：《心理学与文学》，冯川、苏克译，生活·读书·新知三联书店1987年版。

申丹：《叙述学与小说文体学研究》，北京大学出版社1998年版。

［美］唐纳德·M.卡提根纳尔：《威廉·福克纳》，肖安博译，见埃默里·埃利奥特主编《哥伦比亚美国文学史》，朱通伯等译，四川辞书出版社1994年版。

陶洁：《福克纳作品精粹》，河北教育出版社1990年版。

陶洁：《福克纳研究》，上海外语教育出版社2013年版。

［美］威廉·福克纳：《记舍伍德·安德森》，李文俊译，河北教育出版社1990年版。

［美］威廉·福克纳：《押沙龙，押沙龙!》，李文俊译，上海译文出版社2000年版。

［美］威廉·福克纳：《威廉·福克纳随笔》，詹姆斯·B.梅里韦瑟编，李文俊译，上海译文出版社2008年版。

［美］威廉·福克纳：《喧哗与骚动》，李文俊译，漓江出版社2015年版。

武月明：《爱与欲的南方：福克纳小说的文学伦理学批评》，南京大学出版社2013年版。

［法］西蒙娜·波伏娃：《第二性》，陶铁柱译，中国书籍出版社1998年版。

肖明翰：《威廉·福克纳研究》，外语教学与研究出版社1997年版。

杨彩霞：《20世纪美国文学与圣经传统》，中国人民大学出版社2007年版。

袁秀萍：《威廉·福克纳批评与研究》，西南交通大学出版社2016年版。

赵毅衡：《当说者被说的时候》，中国人民大学出版社1998年版。

本书为

北京市高等学校"英才计划"项目

《圣经》的叙事学研究及其对英美文学的影响

（项目编号：YETP0735）的阶段性成果之一